中国电子信息工程科技发展研究

网络安全专题

中国信息与电子工程科技发展战略研究中心

科学出版社

北京

内 容 简 介

当前，我国已进入数字中国建设新阶段，数字化发展步伐不断加快，数字经济高质量发展为实现第二个百年奋斗目标奠定坚实基础，持续推进我国网络空间治理体系和治理能力现代化。与此同时，全球各国积极布局数字化领域，争夺新时期战略高地。网络安全作为保障全社会数字化转型、护航数字经济高质量发展的关键核心，逐渐成为全球数字竞合新格局的重中之重。

本书通过分析梳理全球和我国网络安全发展态势，形成网络安全领域综合发展视图，并沿着视图脉络逐步展开，主要研究了全球和我国在网络空间安全威胁、网络安全综合治理、网络安全能力实践应用、网络安全技术创新及网络安全产业发展等网络安全领域的发展现状与未来趋势，以及 2021 年的技术热点和亮点，希望能为我国网络安全技术的发展提供参考。

图书在版编目（CIP）数据

中国电子信息工程科技发展研究. 网络安全专题/中国信息与电子工程科技发展战略研究中心编著. —北京：科学出版社，2022.9

ISBN 978-7-03-073068-8

Ⅰ. ①中… Ⅱ. ①中… Ⅲ. ①电子信息-信息工程-科技发展-研究-中国②计算机网络-网络安全-科技发展-研究-中国 Ⅳ. ①G203②TP393.08

中国版本图书馆 CIP 数据核字（2022）第 162101 号

责任编辑：王　哲 / 责任校对：胡小洁
责任印制：吴兆东 / 封面设计：迷底书装

科 学 出 版 社　出版
北京东黄城根北街 16 号
邮政编码：100717
http://www.sciencep.com

北京虎彩文化传播有限公司 印刷
科学出版社发行　各地新华书店经销

*

2022 年 9 月第 一 版　　开本：890×1240 1/32
2022 年 9 月第一次印刷　印张：5 1/8
字数：123 000

定价：88.00 元

（如有印装质量问题，我社负责调换）

《中国电子信息工程科技发展研究》指导组

《中国电子信息工程科技发展研究》工作组

组　长：
　　　余少华　陆　军

副组长：
　　　安　达　党梅梅　曾倬颖

国家高端智库

中国信息与电子工程科技发展战略研究中心
CHINA ELECTRONICS AND INFORMATION STRATEGIES

中国信息与电子工程科技
发展战略研究中心简介

中国工程院是中国工程科学技术界的最高荣誉性、咨询性学术机构，是首批国家高端智库试点建设单位，致力于研究国家经济社会发展和工程科技发展中的重大战略问题，建设在工程科技领域对国家战略决策具有重要影响力的科技智库。当今世界，以数字化、网络化、智能化为特征的信息化浪潮方兴未艾，信息技术日新月异，全面融入社会生产生活，深刻改变着全球经济格局、政治格局、安全格局，信息与电子工程科技已成为全球创新最活跃、应用最广泛、辐射带动作用最大的科技领域之一。为做好电子信息领域工程科技类发展战略研究工作，创新体制机制，整合优势资源，中国工程院、中央网信办、工业和信息化部、中国电子科技集团加强合作，于2015年11月联合成立了中国信息与电子工程科技发展战略研究中心。

中国信息与电子工程科技发展战略研究中心秉持高层次、开放式、前瞻性的发展导向，围绕电子信息工程科技发展中的全局性、综合性、战略性重要热点课题开展理论研究、应用研究与政策咨询工作，充分发挥中国工程院院士，国家部委、企事业单位和大学院所中各层面专家学者的智力优势，努力在信息与电子工程科技领域建设一流的战略思想库，为国家有关决策提供科学、前瞻和及时的建议。

《中国电子信息工程科技发展研究》
编写说明

当今世界，以数字化、网络化、智能化为特征的信息化浪潮方兴未艾，信息技术日新月异，全面融入社会经济生活，深刻改变着全球经济格局、政治格局、安全格局。电子信息工程科技作为全球创新最活跃、应用最广泛、辐射带动作用最大的科技领域之一，不仅是全球技术创新的竞争高地，也是世界各主要国家推动经济发展、谋求国家竞争优势的重要战略方向。电子信息工程科技是典型的"使能技术"，几乎是所有其他领域技术发展的重要支撑，电子信息工程科技与生物技术、新能源技术、新材料技术等交叉融合，有望引发新一轮科技革命和产业变革，给人类社会发展带来新的机遇。电子信息工程科技作为最直接、最现实的工具之一，直接将科学发现、技术创新与产业发展紧密结合，极大地加速了科学技术发展的进程，成为改变世界的重要力量。电子信息工程科技也是新中国成立 70 年来特别是改革开放 40 年来，中国经济社会快速发展的重要驱动力。在可预见的未来，电子信息工程科技的进步和创新仍将是推动人类社会发展的最重要的引擎之一。

把握世界科技发展大势，围绕科技创新发展全局和长远问题，及时为国家决策提供科学、前瞻性建议，履行好国家高端智库职能，是中国工程院的一项重要任务。为此，中国工程院信息与电子工程学部决定组织编撰《中国电子信息工程科技发展研究》(以下简称"蓝皮书")。2018 年 9 月至今，编撰工作由余少华、陆军院士负责。"蓝皮书"分综合篇和专题篇，分期出版。学部组织院士并动员各方面专家 300 余人参与编撰工作。"蓝皮书"编撰宗旨是：分析研究电子信息领域年度科技发展情况，综合阐述国内外年度电子信息领域重要突破及标志性成果，为我国科技人员准确把握电子信息领域发展趋势提供参考，为我国制定电子信息科技发展战略提供支撑。

"蓝皮书"编撰指导原则如下：

(1) 写好年度增量。电子信息工程科技涉及范围宽、发展速度快，综合篇立足"写好年度增量"，即写好新进展、新特点、新挑战和新趋势。

(2) 精选热点亮点。我国科技发展水平正处于"跟跑""并跑""领跑"的三"跑"并存阶段。专题篇力求反映我国该领域发展特点，不片面求全，把关注重点放在发展中的"热点"和"亮点"问题。

(3) 综合与专题结合。"蓝皮书"分"综合"和"专题"两部分。综合部分较宏观地介绍电子信息科技相关领域全球发展态势、我国发展现状和未来展望；专题部分则分别介绍 13 个子领域的热点亮点方向。

5 大类和 13 个子领域如图 1 所示。13 个子领域的颗粒度不尽相同，但各子领域的技术点相关性强，也能较好地与学部专业分组对应。

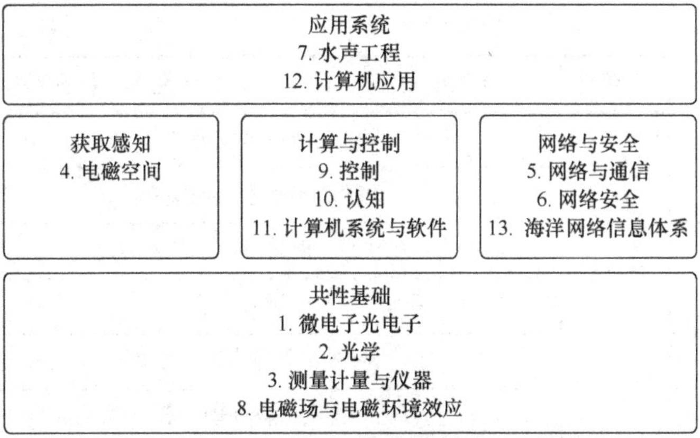

| 应用系统 |
| 7. 水声工程 |
| 12. 计算机应用 |

获取感知	计算与控制	网络与安全
4. 电磁空间	9. 控制	5. 网络与通信
	10. 认知	6. 网络安全
	11. 计算机系统与软件	13. 海洋网络信息体系

| 共性基础 |
| 1. 微电子光电子 |
| 2. 光学 |
| 3. 测量计量与仪器 |
| 8. 电磁场与电磁环境效应 |

图 1　子领域归类图

前期，"蓝皮书"已经出版了综合篇、系列专题和英文专题，见表 1。

表 1　"蓝皮书"整体情况汇总

序号	年份	中国电子信息工程科技发展研究——专题名称
1		5G 发展基本情况综述
2		下一代互联网 IPv6 专题
3		工业互联网专题
4		集成电路产业专题
5	2019	深度学习专题
6		未来网络专题
7		集成电路芯片制造工艺专题
8		信息光电子专题
9		可见光通信专题
10	大本子	中国电子信息工程科技发展研究（综合篇 2018—2019）

续表

序号	年份	中国电子信息工程科技发展研究——专题名称
11	2020	区块链技术发展专题
12		虚拟现实和增强现实专题
13		互联网关键设备核心技术专题
14		机器人专题
15		网络安全态势感知专题
16		自然语言处理专题
17	2021	卫星通信网络技术发展专题
18		图形处理器及产业应用专题
19	大本子	中国电子信息工程科技发展研究（综合篇 2020--2021）
20	2022	量子器件及其物理基础专题
21		微电子光电子专题*
22		测量计量与仪器专题*
23		网络与通信专题*
24		网络安全专题*
25		电磁场与电磁环境效应专题*
26		控制专题*
27		认知专题*
28		计算机应用专题*
29		海洋网络信息体系专题*
30		智能计算专题*

* 近期出版。

从 2019 年开始，先后发布《电子信息工程科技发展十四大趋势》和《电子信息工程科技十三大挑战》（2019 年、2020 年、2021 年、2022 年）4 次。科学出版社与 Springer 出版社合作出版了 5 个专题，见表 2。

表 2　英文专题汇总

序号	英文专题名称
1	Network and Communication
2	Development of Deep Learning Technologies
3	Industrial Internet
4	The Development of Natural Language Processing
5	The Development of Block Chain Technology

相关工作仍在尝试阶段，难免出现一些疏漏，敬请批评指正。

中国信息与电子工程科技发展战略研究中心

前　言

　　自网络问世以来，安全作为影响网络系统平稳运行、数据资源安全传输、业务应用安全可靠的关键因素受到广泛关注。1988 年，发生了网络发展进程中第一次网络攻击事件，康奈尔大学的研究生罗伯特·莫里斯出于对互联网规模的好奇，编写了一个可以在计算机之间快速传播复制的计算机程序，导致互联网服务瘫痪并造成近千万美元的损失。随着网络普及和技术发展，网络安全的概念内涵持续变化演进。1999 年 12 月，"网络安全"被首次提出，美国在《新世纪国家安全战略》中指出网络安全的重点是降低网络环境中存在的各种风险，防范网络活动面临的各种威胁，需考虑网络安全的内因和外因。2008 年 4 月，国际电信联盟(International Telecommunication Union, ITU)在《数据网、开发系统通信和安全性：网络安全综述》(ITU-T(国际电信联盟电信标准化部门)X.1205)技术标准中将"网络安全"定义为"涉及用以保护网络环境和机构及用户资产的各种工具、政策、安全理念、安全保障、指导原则、风险管理方式、行动、培训、最佳做法、保证和技术"。其中，机构和用户的资产包括相互连接的计算装置、人员、基础设施、应用、服务、电信系统以及在网络环境中全部传送和/或存储的信息。ITU 定义的网络安全工作首要目的是确保防范网络环境中的各种安全风险，实现并维护机构和用户资产的安全特性。2016 年 11 月，第十二届全国人民代表大会常务委员会第二十四次会议通过并公布了《中华人民共和国网络安全法》。该法律定义了网络安全，是指"通过采取必要措施，防范对网络的攻击、侵入、干扰、破坏和非法使用以及意外事故，使网络处于稳定可靠运行的状态，以及保障网络数据的完整性、保密性、可用性的能力"。

党的十八大以来，以习近平同志为核心的党中央高度重视我国网络安全和信息化事业的发展。2014 年 4 月，习近平总书记主持召开中央国家安全委员会第一次会议时首次提出总体国家安全观重大战略思想。随着时代发展，总体国家安全观内涵外延不断拓展，从最初的 11 种安全，到如今涵盖经济安全、网络安全、科技安全等传统和非传统安全领域的理论体系。2016 年 4 月，习近平总书记在网络安全和信息化工作座谈会上指出"网络安全和信息化是相辅相成的。安全是发展的前提，发展是安全的保障，安全和发展要同步推进"。2018 年 4 月，习近平总书记强调"没有网络安全就没有国家安全，就没有经济社会稳定运行，广大人民群众利益也难以得到保障"。一系列关于网络安全的重要论述及重要指示为贯彻落实总体国家安全观、筑牢网络安全防线指明了方向、奠定了基础，将网络安全的战略意义从安全保障向服务国家经济社会治理全局不断延伸。

随着数字化、网络化、智能化发展，新兴数字技术在全社会数字化过程中融合应用持续深化，越来越多的事关国计民生的网络信息系统开放互联。网络从传统的人与人通信延伸到人与物、物与物的泛在连接，加速与物理世界融合形成网络物理融合空间，安全影响也不再局限于网络空间的通信与传输安全，而是向物理世界的生产安全、生活安全、社会安全甚至国家安全等方面加速渗透。数字时代，网络安全被赋予了更高的使命和战略意义，也同样带来新的安全风险和问题，已成为全球各国的关注重点。本书跟踪研究了国内外网络安全技术领域发展态势及未来展望，勾勒出具有全局性、系统性、整体性的网络安全领域综合发展视图，旨在持续跟进国际网络安全技术热点、把握网络安全技术创新方向、促进网络安全核心技术创新攻关、助力实现我国网络安全技术产业创新发展，带动政产学研用以打破"卡脖子"局面、实现高质量发展为目标，以安全可信为内核，以科技创新为驱动，以产业生态为跳板，为全面提升我国网络安全技术实力、夯实网络安全底座提供参考和指引。

专家组名单

姓名	工作单位	职务/职称
沈昌祥	中国工程院	院士
方滨兴	中国工程院	院士
田楠	中国人民解放军 91977 部队	院士助理/工程师
秦宝山	北京邮电大学	院士助理
魏亮	中国信息通信研究院	副院长
史德年	中国信息通信研究院	院副总工
曾剑秋	北京邮电大学	教授
陶耀东	北京交通大学	教授
洪延青	北京理工大学	教授
闫怀志	北京理工大学	教授
练智超	南京理工大学	副教授
郭园方	北京航空航天大学	研究员
胡华东	华为技术有限公司	无线研究部北研分部部长
郭峰	中国电科太极股份	首席安全官
刘志乐	杭州安恒信息技术股份有限公司	首席安全官
叶晓虎	绿盟科技集团股份有限公司	首席技术官
何文杰	恒安嘉新(北京)科技股份公司	总工程师

注：排名不分先后

撰写组名单

姓名	工作单位	职务/职称
孟楠	中国信息通信研究院	副所长
戴方芳	中国信息通信研究院	副主任
谢玮	中国信息通信研究院	所长
田慧蓉	中国信息通信研究院	所总工程师
杨红梅	中国信息通信研究院	所副总工程师
柯皓仁	中国信息通信研究院	主任
常雯	中国信息通信研究院	副主任
彭志艺	中国信息通信研究院	副主任
张媛媛	中国信息通信研究院	副主任
冯泽冰	中国信息通信研究院	高级工程师
景慧昀	中国信息通信研究院	高级工程师
葛悦涛	中国信息通信研究院	高级工程师
周杨	中国信息通信研究院	工程师
谢俐倞	中国信息通信研究院	工程师
李晓伟	中国信息通信研究院	工程师
寇金锋	中国信息通信研究院	工程师
崔枭飞	中国信息通信研究院	工程师
王玉环	中国信息通信研究院	工程师

续表

姓名	工作单位	职务/职称
李慎之	中国信息通信研究院	工程师
王榕	中国信息通信研究院	工程师
海涵	中国信息通信研究院	工程师
董悦	中国信息通信研究院	工程师
陈杰	中国信息通信研究院	工程师
赵勋	中国信息通信研究院	工程师
杨朋	中国信息通信研究院	助理工程师
焦杨	中国信息通信研究院	助理工程师
吴诗雨	中国信息通信研究院	助理工程师
袁亚光	中国信息通信研究院	助理工程师
张子越	中国信息通信研究院	助理工程师
李世淙	天津市大数据管理中心	副处长
彭玉婷	中国电子科技集团发展战略研究中心	情报与数据研究部副主任
张峰	中国移动信息安全管理与运行中心	经理
邱勤	中国移动信息安全管理与运行中心	副经理
江为强	中国移动信息安全管理与运行中心	高级工程师
徐晖	大唐移动通信设备有限公司	主任
赵永安	华为技术有限公司	主任工程师
胡毅勋	北京启明星辰信息安全技术有限公司	首席安全架构师
赵宁	杭州安恒信息技术股份有限公司	高级解决方案架构师
王鼎	华为云计算公司	高级咨询专家
叶林华	青藤云安全	市场总监

注：排名不分先后

目　录

第1章 全球发展态势

2020 年以来，全球网络空间安全形势复杂严峻，网络环境综合治理难度日益增大。网络安全产业发展增速放缓，新兴技术产品持续涌现。随着各国数字化进程向深走实，产业数字化、数字产业化、数据价值化等领域安全问题引发广泛关注，网络安全新技术不断成熟，推动安全实践和规模化应用，加快探索创新网络安全风险应对新路径。

1.1 网络空间安全形势复杂严峻，网络环境综合治理愈发困难

1.1.1 全球网络攻击强度提升加剧安全威胁

一是漏洞攻击风险加剧，零日漏洞价值凸显。近年来，利用已知漏洞实施的网络攻击事件频发。截至 2021 年 11 月，美国国家漏洞库(National Vulnerability Database, NVD)累计收录漏洞超过 17 万个[①]，其中约 4%的漏洞已被证明遭到过利用实施网络攻击，且在漏洞公布当天遭到利用的漏洞占比约为 42%，在漏洞公布 28 天内遭到利用的漏洞

---

① 数据来源：中国信息通信研究院统计自 NVD 漏洞库。

占比高达 75%①。例如，2021 年 11 月曝出的阿帕奇(Apache)Log4j2 开源组件漏洞，引发组件及采用组件的开源产品、设备等远程受控风险，漏洞影响波及全球，被认为是"核弹级"漏洞，且 Mirai、Muhstic 等僵尸网络及 Minerd、SnakeMiner 等挖矿木马已经开始利用漏洞传播。同时，发现的零日漏洞②数量持续增长。据"零日漏洞追踪计划"统计，2021 年 1 月至 11 月，共发现零日漏洞超过 80 个，约为 2020 年发现零日漏洞数量的两倍③，如图 1.1 所示。零日漏洞通常缺乏修补措施，利用其实施的网络攻击成功概率高、危害程度深，已成为网络攻防对抗的重要资源。

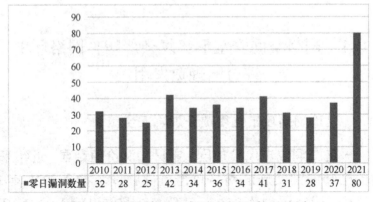

	2010	2011	2012	2013	2014	2015	2016	2017	2018	2019	2020	2021
■零日漏洞数量	32	28	25	42	34	36	34	41	31	28	37	80

图 1.1　2006～2021 年零日漏洞数量统计

① 数据来源：美国网络安全与基础设施安全局(CISA)，约束性指令(BOD)22-01《降低已知被利用漏洞的重大风险》，2021.11.03。

② 零日漏洞：指发现时立即遭到恶意利用的漏洞，由于零日漏洞信息通常未公布且缺乏修补解决方案，利用零日漏洞发起网络攻击成功概率大。

③ 数据来源：捷克网络安全自律组织 CyberSecurity Help 零日漏洞追踪计划，https://www.zero-day.cz/。

　　二是网络攻击模式演进升级，迂回规避趋势明显。防御方安全能力的提升加大了网络攻击的实施难度，致使攻击方开始转向以软件供应链、虚拟化逃逸等多种方式，迂回规避防御方网络安全防线，达到实施网络攻击入侵的目的。例如，利用软件供应链上下游信任关系，通过控制软件供应商设备、污染软件产品等方式，利用软件分发、升级等机制，迂回绕过下游用户网络安全防线，远程投递和传播勒索病毒、后门木马等恶意软件，或以虚拟化环境为通道，通过感染虚拟机、虚拟云服务器等，利用虚拟化产品漏洞、设备配置缺陷等实现虚拟化环境的逃逸，进而向用户和网络双向入侵渗透。2020 年 12 月，美国网络安全管理软件供应商"太阳风"(Solar Winds)公司旗下猎户座(Orion)网络管理软件升级包被攻击者植入恶意代码，通过软件升级机制向下游软件用户实施"借道入侵"，多个政府机构和企业的 1.8 万用户受到影响，相关数据信息遭窃取[①]；2021 年 7 月，REvil 勒索病毒攻击团伙利用安全漏洞，攻击入侵美国软件供应商卡西亚软件补丁和漏洞管理系统VSA 服务器设备，并利用软件更新机制向下游用户软件工作站大规模传播勒索病毒，导致瑞典连锁超市巨头 Coop 关闭 800 多家商店服务[②]。2022 年 1 月 14 日，由于乌克兰政

---

　　① 数据来源：联邦调查局(FBI)、网络安全和基础设施安全局(CISA)、国家情报总监办公室(ODNI)和国家安全局(NSA)的联合声明，https://www.cisa.gov/news/2021/01/05/joint-statement-federal-bureau-investigation-fbi-cybersecurity-and-infrastructure。

　　② 数据来源：卡西亚勒索病毒攻击：针对受影响 MSP 及其客户的指南，https://www.cisa.gov/uscert/kaseya-ransomware-attack。

府网站大规模使用了"OctoberCMS (内容管理系统)"建站程序，且大部分由乌克兰 Kitsoft 公司开发和管理，攻击者利用 OctoberCMS 平台密码重置功能验证绕过漏洞直接获取网站的管理员权限，入侵 Kitsoft 公司网站管理平台，导致乌克兰外交部等 70 多个网站遭受攻击。2022 年 2 月 28 日，黑客组织"匿名者"利用关键基础设施系统和工控系统中开源软件 Rapid SCAD 存在的安全漏洞，以及通过攻击设备供应商、第三方服务商等供应链获取安全凭证或管理权限来开展网络攻击，造成俄罗斯变电站等关键基础设施网络服务中断、关闭等情况。

三是勒索病毒事件频发，攻击影响侵扰现实世界。勒索病毒是一种极具破坏性、传播性的恶意软件，攻击者主要通过钓鱼邮件、网页挂马等形式传播勒索病毒，或利用漏洞、远程桌面入侵等发起攻击，利用复杂密码算法加密用户数据，从而勒索高额赎金。2021 年，勒索病毒攻击事件频发，攻击影响加速向现实世界渗透蔓延，引发服务于生产生活的信息系统停运、工厂停产等严重后果。5 月，美国最大成品油管道运营商科洛尼尔(Colonial Pipeline)公司遭到暗面(Darkside)勒索病毒攻击，被迫关闭成品油管道系统，严重影响美国东海岸成品油供应；5 月，巴西肉类制造巨头企业 JBS 遭到 REvil 病毒勒索攻击，导致其位于美国和加拿大地区的部分工厂停产，影响当地肉类供应；7 月，英国北方铁路公司自助售票机系统遭勒索病毒攻击，导致售票网络瘫痪，影响公民正常出行服务。2021 年典型勒索病毒攻击事件及造成的影响如图 1.2 所示。

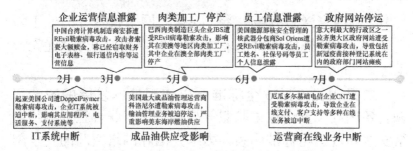

图 1.2　2021 年典型勒索病毒攻击事件

1.1.2　新技术网络安全成为国际竞合关注焦点

一是国家层面聚焦前沿技术颁布网络安全战略新方针。为应对复杂严峻的网络空间安全，美国等发达国家致力于通过技术应用增强网络安全防护，并围绕新兴技术构建新的网络安全战略布局。例如，日本从中长期的角度出发规划未来的技术发展及防护趋势，于 2021 年 7 月发布最新《网络安全战略》草案，提出在大力发展人工智能技术、量子计算技术等新技术的同时，积极应对新技术深度应用对网络安全防御带来的挑战，并对网络攻击进行分析与共享。美国则采取多措并举的推进路线，加快落地实施零信任等新安全架构。2021 年 9 月，美国管理和预算办公室(Office of Management and Budget, OMB)发布《联邦零信任战略》草案，提出优先使用云技术推进零信任架构落地，应用领域覆盖从军事国防到民事机构等；英国致力于利用先进技术实现数字化转型，加强网络安全能力。11 月，英国国防部发布《国防数据战略》，旨在开发基于先进技术的数据系统，通过标准化国防部门数字系统架构，确保数据生命周期的安全可靠；2022 年 1 月，英国政府发布了

《2022 年国家网络战略》，将"在重要网络技术方面处于领先地位，开发框架确保未来技术安全"①列为五项"优先行动"之一。

二是积极推进安全标准化以实现技术发展的安全引领。 各国利用安全技术联盟等战略路径，联合塑造国际网络安全新规则与标准体系，力争在国际网络空间的安全制度规范与技术标准推进方面占据主导地位。例如，为抢先实现 6G 技术的国际标准化，日本和芬兰的国际研究团队致力于合作开发 6G 的技术和标准[1]。欧盟、美国尤其重视网络安全的标准牵引和网络安全技术能力建设。美国在 2021 年发布了《改善国家网络安全行政命令》《确保信息和通信技术及服务供应链安全》《国防部零信任参考架构》等多项文件，多次强调网络安全标准化的重要性，不断提高对供应链安全管理、云计算和隐私保护等方面的网络安全标准重视程度。欧盟则在深化 5G、区块链等重点领域技术标准国际合作基础上，进一步加强人工智能、数据安全等重点领域的国际标准的制定，欧盟委员会及欧盟数据保护委员会在 2021 年 4 月、9 月分别发布了《人工智能法》提案和《GDPR 下数据控制者和处理者概念指南 1.0》，旨在利用新规推动人工智能标准制定，确保人工智能可信，增强治理和技术领域的话语权。

三是网络安全国际合作逐渐从战略层面下沉到实质性技术层面。 各国聚焦网络安全技术国际合作，由早期签署战略层面的网络安全合作协议，转向通过关系社会共同利

---

① 数据来源：英国政府发布《2022 年国家网络战略》概述，https://www.secrss.com/articles/38041。

益的网络安全新技术领域合作应对目前全球秩序不稳定、地缘政治两极分化等问题。2021 年 1 月,美国大西洋理事会在《大国竞争中明智的伙伴关系:人工智能、中国和全球对数字主权的追求》中提出加强 AI 等新兴技术相关监管合作,达到减少摩擦、维护网络安全秩序稳定的目的。2021年 7 月,摩洛哥与以色列在摩洛哥首都拉巴特签署了摩以网络安全合作协议,以推动两国网络安全技术手段共建合作,实现共同进步。日本国家网络就绪准备和战略安全中心 (National center of Incident readiness and Strategy for Cybersecurity, NISC)9 月也在新发布的网络安全战略中声明,将延续在多样化主体之间实现信息共享与合作的研究方向,并基于美日同盟关系,从联合训练、威胁信息共享等方面持续保持国际合作。中国不断加强与东盟、日韩在5G 网络安全技术与应用方面的交流与最佳实践案例分享,就 5G 安全标准、核心网安全、多接入边缘计算安全、云原生应用安全等方面开展研讨,具体如图 1.3 所示,旨在进一步加强国际网络安全合作关系,推动全球国际网络安全

中国东盟5G网络安全交流议题	
主动赋能 共筑5G融合应用安全防线	5G网络建设与应用安全创新
5G安全:需求、方案与实践	全国统一5G设备安全测试体系构建
5G安全与标准研制	5G安全:守护新型基础设施
5G环境中的MEC安全	隐私保护计算技术和应用场景
可定制的5G工业互联网安全能力	5G网络建设与应用安全问题研究
5G云原生应用的工作负载安全	5G安全标准化进展介绍
网络安全卓越验证示范中心 5G云边协同安全实践	基于5G超级SIM的高效"端云"安全体系
构建安全弹性的云原生化5G核心网	面向垂直行业的5G安全评估体系

图 1.3　2021 年中国东盟 5G 网络安全交流议题

合作和平发展。

1.1.3 电信网络诈骗形势严峻加大治理难度

当前，电信网络诈骗已成为全球性问题，且形势愈发严峻。据 Truecaller Insights 公司于 2020 年 4 月发布的 *2020 US Spam and Scam Report* 显示，2020 年，美国有近三分之一的人遭受电话诈骗；2021 年，英国人均被欺诈率约为 2020 年美国的三倍；韩国仅在 2020 年初因"短信诈骗"涉及的金额就高达 128 亿韩元(约合人民币 6800 万元)；澳大利亚在 2020 年因"杀猪盘"①诈骗而造成的损失高达 3700 万美元(约合人民币 2.35 亿元)。实施诈骗的联络方式不再局限于电话、短信、电子邮件，还包括社交网络、电商平台、即时通信工具等；诈骗手法也从提供免费旅游、假冒银行贷款发放员，到谎称"政府退税""财产保管""包裹寄错"等，诈骗脚本频繁变换，联络方式相互交织，让人防不胜防[2]。综上所述，全球电信网络诈骗呈现以下特点与趋势。

一是疫情成为诈骗高发的一大诱因。受疫情影响，全球经济与社会运行受到严峻挑战，世界主要国家和地区就业形势迅速收紧，加之民众长期宅家无社交等因素，远程无接触式电信网络诈骗形势愈发严峻，且诈骗脚本充分融合各国防疫政策要求、社会热点事件等内容，诈骗迷惑性、隐蔽性持续增强，让人防不胜防，增加了技术识别与拦截难度，给监管工作提出新的要求。据报告，截至 2021 年 10

---

① "杀猪盘"指诈骗分子利用网络交友，诱导受害人投资赌博的一种电信网络诈骗方式。

月 27 日，美国联邦贸易委员会共收到用户提交的诈骗报告
23.6 万份，均为与新冠病毒有关的身份盗窃、垃圾邮件诈
骗、电话诈骗等欺诈案例，诈骗金额合计超过 1.69 亿美元
(约合人民币 10.73 亿元)，其中又以电子邮件诈骗和网购诈
骗造成的损失最大。在英国，早在 2020 年疫情暴发初期，
国际刑警组织就已协助处理了大约 30 起涉及疫情的电信
网络诈骗案件，冻结了 18 个银行账户以及超过 73 万美元
(约合人民币 463.66 万元)的资金。

二是电信网络诈骗技术对抗性持续增强。随着人工智
能、大数据等新兴技术的快速发展与应用落地，利用 AI 语
音技术、远程控制软件等实施的新型电信网络诈骗快速增
长。据垃圾电话拦截软件制造商 YouMail 的数据显示，2021
年 2 月，美国共接收了超过 46 亿次自动呼叫电话，其中诈
骗和营销电话占比约为 60%，这是自 2020 年 2 月以来，自
动呼叫电话数量最高的一个月。快速增长的广撒网式机器
人诈骗也给美国民众造成了很大困扰，为进一步提升技术
对抗能力，美国国会批准了《电话机器人滥用刑事执法和
威慑法案》，该法案要求 AT&T、Verizon、T-Mobile 等主要
通信运营商采用一种叫作 STIR/SHAKEN 的新技术，由运
营商对来电身份核查，并做标记，提示用户是否成为了自
动呼叫器和诈骗电话的目标。据 Fierce Wireless 报道，截
至 2021 年 3 月底，已有 100 多家运营商办理了 SHAKEN
认证手续，共有 278 家电话供应商完成了注册。此外，部
分不法人员冒充 IT 部门、电信供应商和银行等身份，利用
TeamViewer 等远程访问软件，以"保护账户"或"授权退
款"为由诱骗受害者输入代码，以获取受害者设备使用权，

侵入其账户窃取敏感数据，实施诈骗。根据 UK Finance 的数据，在 2020 年上半年，这种诈骗方式激增了 84%，导致了近 1.5 万份报案和 5800 万英镑(约合人民币 5.01 亿元)的损失。

三是跨国跨境诈骗趋势愈发明显。随着传统电信网络诈骗治理工作的深入，电信网络诈骗犯罪窝点分布的国家越来越广，据《网络犯罪趋势研究报告》显示，2020 年，全球电话诈骗窝点主要分布在中国、日本、新加坡、马来西亚等，网络诈骗窝点主要分布在中国、美国、缅甸、韩国、越南等。诈骗模式也从境内诈骗向跨境诈骗转变，如 2019 年底马来西亚警方破获的"中国公民在马来西亚最大的电信诈骗"，以及 2020 年初德国、土耳其警方联合铲除的"重大电信诈骗窝点"，均为诈骗分子在海外设立大本营对本国人民实施跨境诈骗[3]。在我国，为躲避公安机关追查打击，大量的诈骗窝点逐步向缅甸、柬埔寨、老挝、泰国等东南亚国家转移，据最高人民法院披露，目前，电信网络诈骗境外窝点作案已超过六成。此外，境外号码、境外网站涉案占比也在不断增加，境外诈骗团伙通过大量购买使用缅甸卡、欧洲卡等境外手机卡对境内群众实施传统电话诈骗，或通过租用美国、南非、新加坡、韩国等境外服务器，购买域名网址，利用境外诈骗网站、引流平台、境外接入 APP 等诈骗资源对我国境内实施网络诈骗，增加了溯源与打击难度，给国内人民群众造成无法挽回的经济损失，给防范治理工作带来较大挑战。

1.2 数字安全能力建设持续加快，安全实践从布局走向落地

1.2.1 全球数字安全能力建设布局频频加码

在全球数字化发展大局下，新兴数字技术规模化应用与传统行业领域数字化转型步伐加快，数字化、网络化、智能化能力在提供新的增长动能和发展路径的同时，也使得安全风险的影响拓展延伸至经济、社会甚至国家层面，以欧美为主的发达国家和地区积极探索布局数字化安全能力的建设和发展。

一是数字威胁应对措施不断强化。2021 年 6 月，欧盟委员会提出通过"数字欧洲计划"建立"联合网络部门"(Joint Cyber Unit)，旨在应对影响欧盟数字经济和社会的大规模安全事件。通过构建欧盟威胁信息共享平台、发布威胁报告和预警等技术手段，制定欧盟网络安全事件和风险应对计划，发展成员国威胁监测、检测及响应等能力来构筑欧洲数字化安全基石。该部门由欧盟网络安全局(The European Union Agency for Cybersecurity，ENISA)组织筹建，拟于 2023 年 6 月全面建成。2021 年 11 月，美国国家标准与技术研究院(National Institute of Standards and Technology, NIST)发布 NISTIR-8286A《企业风险管理中的网络安全风险识别与评估》报告，通过案例提出不同类型企业的风险偏好、容忍度以及风险识别和分析方法，指导企业在风险管理过程中更好地管理和应对数字信息、技术等带来的安全风险。NIST 还发布了系列报告 NISTIR-

8286B《企业风险管理中优先考虑网络安全风险》、NISTIR-8286C《企业风险管理和治理监督中网络安全风险划分》，持续加强企业数字安全威胁应对能力。同期，美国网络安全和基础设施安全局(Cybersecurity and Infrastructure Security Agency, CISA)发布《联邦政府网络安全事件和漏洞响应手册》，为政府和企业等实体应对安全风险和漏洞提供实践指导。

二是数字产品安全标准规范加速落地。随着全社会数字化发展加快，5G、AI 等数字技术嵌入传统设备产品，逐步发展为集感知、计算、存储、控制、互联等功能于一体的数字产品①，助力企业进行数字化转型、提高企业运营和生产力效率的同时，其安全问题备受国际关注。2021 年 5 月，关于网络空间负责任行为的日内瓦对话围绕数字产品安全和国际标准召开会议，提出需加强数字产品设计、研发、部署等环节的安全标准和规范，共同推动国际标准的制定和实施，以应对数字产品带来的网络通信、数据隐私及业务应用等不同方面的安全风险。并提出数字产品安全标准相关要求，包括标准应明确实施范围和对象并确保包含各相关主体、应根据供需及产业链各方需求制定以满足市场、应制定评估和认证等规范并推动结果全球互认、应具有强制性以更好地敦促企业严格执行和遵守、应验证遴选标准应用优秀案例并在行业进行示范推广、应建立全球数字产品安全生态加强国际合作等。

三是数字基础设施防护举措持续加强。数字化进程推

---

① 参考来源：中国信息通信研究院《中国数字经济发展白皮书》。

动网络架构向云网融合、算网融合等方向创新发展，加速通信网络、移动网络等传统网络基础设施与 5G、云计算、区块链等新兴数字技术融合应用，发展为数字化、智能化、网络化的数字基础设施，作为数字技术能力输出的载体，价值高度集聚的通信网络基础设施、数据与算力基础设施、融合基础设施等数字基础设施成为网络安全保护的重点对象。2021 年 4 月，美国能源部(Department of Energy, DOE)启动电力基础设施的网络安全能力提升百天行动计划，以政企合作的方式推动安全技术和产品的试点部署应用，以提升电力行业数字基础设施安全检测、应对和取证等能力。2021 年 7 月，美国总统拜登签署《关于改善关键基础设施控制系统网络安全的国家安全备忘录》，要求 CISA 和 NIST 牵头制定针对关键基础设施的网络安全能力指标体系，表示将持续在天然气等重点领域开展安全技术产品试点应用，提升数字基础设施安全防护能力。2021 年 10 月，美国国家安全局(National Security Agency, NSA)与 CISA 联合发布《5G 云基础设施安全指南》，为云服务商、电信运营商及用户等安全部署和配置 5G 云基础设施，应对潜在威胁、漏洞等提供实践指导。同期，欧洲议会通过网络与信息安全指令草案(NIS2 指令)，提高了对能源、运输、银行、卫生及政务等基础领域数字基础设施安全保障要求，将邮政服务、食品生产、制造业(医疗设备、汽车制造等)及数字服务提供商等纳入数字基础设施安全重点领域，强化加密、漏洞披露、事件响应、供应链安全等数字基础设施安全技术手段。

1.2.2　5G 网络及融合应用安全实践探索不断加快

5G 作为引领新一代科技革命和产业变革的代表性、引领性技术，世界各国均将 5G 安全作为重大战略方向，进行整体性发展规划和应用布局[4]。随着 5G 网络部署进度不断加快、全球 5G 商用加速推进，5G 在助力实现万物互联、经济社会转型升级的同时，与垂直领域深度融合引发了"通用安全"向"按需安全"的挑战[5]，5G 融合应用安全问题备受瞩目。全球产业界积极探索 5G 融合应用最佳安全实践方案，致力于为 5G 产业链各环节在设计、建设、运营和使用 5G 网络的过程中部署安全措施提供更加明确的技术指引。

一是出台精确化、易实施的技术性指引文件。美国国防部、NIST、CISA 和 NSA 在 2021 年相继发布《5G 战略实施计划》①《5G 网络安全实践指南》②《5G 云基础设施安全指南》③，深入贯彻落实美国 5G 安全战略等顶层规划布局，全力推进 5G 应用示范与新技术研究，推动 5G 技术

---

① 数据来源：美国国防部，《5G 战略实施计划》，2021.01.05，https://www.defense.gov/News/News-Stories/Article/Article/2462765/dods-inaugural-foray-into-5g-experimentation-on-track/。

② 数据来源：美国国家标准与技术研究院(NIST)，《5G 网络安全实践指南》，2021.02.01，https://www.nccoe.nist.gov/publications/practice-guide/5g-cybersecurity-nist-sp-1800-33-practice-guide-preliminary-draft。

③ 数据来源：美国网络安全和基础设施安全局(CISA)和美国国家安全局(NSA)，《5G 云基础设施安全指南》，2021.10.28，https://www.nsa.gov/Press-Room/News-Highlights/Article/Article/2825412/nsa-and-cisa-provide-cybersecurity-guidance-for-5g-cloud-infrastructures/。

与应用的研究、测试与评估工作，构建 5G 网络安全技术参考架构和整体解决方案，为产业界在建设和应用 5G 网络的过程中提供更为实际的安全指引和规范。ENISA 在 2021 年 9 月发布了《行业网络安全评估方法》(SCSA 方法)，可为特定 ICT 产品、服务和流程潜在的安全风险建立明确的安全要求和认证要求，有效支持实施针对行业 ICT 基础设施和生态系统的安全认证。后续将在 5G 背景下开展试点实施，并进一步推动 SCSA 用于欧盟 5G 网络安全候选认证计划的开发。

二是 5G 垂直行业安全相关国际标准加快推进。第三代合作伙伴计划(The 3rd Generation Partnership Project, 3GPP)等国际标准组织均针对行业差异化需求，分场景、分阶段稳步推进 5G 与垂直行业融合应用安全标准研制。3GPP R15、R16、R17 在不断演进过程中，除了不断增强 5G 网络自身安全机制之外，也在加快推进面向应用场景的业务安全与能力开放。针对远程医疗、工业互联网和车联网等垂直行业的 eMBB、uRLLC、mMTC 三大典型应用场景逐步开展安全性研究和关键技术增强标准研制。围绕垂直行业切片安全划分方案、垂直行业和 LAN(本地接入网)安全、5G IoT(物联网)安全、数据隐私保护方法、大规模接入认证方式、轻量级加密算法、MEC(多接入边缘计算)平台安全解决方案等关键问题和技术，进行 5G 垂直行业应用安全优化增强，为垂直行业使用 5G 网络提供标准化、可复制的技术方案。

三是全行业积极推动 5G 行业应用安全落地及评测。全球 5G 网络建设稳步推进，一方面，行业聚焦网络切片、网络功能虚拟化、边缘计算等 5G 关键技术引入的新型安全风险，研发相应的 5G 安全产品及服务，在建设过程中同步开展安全规划和部署，全面夯实基础设施安全。另一方面，产业界不断加强跨行业、跨领域合作，共同探索 5G 在工业互联网、医疗、车联网、港口、智慧城市等行业领域的应用场景，深入研究端到端的全流程安全能力部署方案，加快开展 5G 行业应用安全试点试验，推动融合应用多场景安全加速落地。其中，西班牙电信公司与德国机动车监督协会合作开发 5G 网络安全平台，利用 5G 和加密技术相结合，确保端到端通信的完整性和安全性，使车辆通信更加有效、可靠。此外，日本富士通联合网络安全企业趋势科技在智能工厂实际环境中开展了 5G 专网安全解决方案试点试验及评估，可实现对智能工厂状态及安全性的可视化集中管理，实现对设备和网络安全威胁的关联检测和预防。此外，美国无线通信和互联网协会(Cellular Telecommunications Industry Association, CTIA)联合政府监管部门、网络运营商、设备制造商、网络安全专家、科研机构共同推出了 5G 安全测试床[①]，致力于为 5G 网络及应用各利益相关方提供直接可用的 5G 安全测试环境。

1.2.3　工业互联网安全保障体系持续完善落地

一是发达国家积极完善工业互联网安全保障体系。近年来，工业领域网络安全事件数量日益增多，影响不断扩大，如 2021 年上半年，美国最大燃油运输管道公司科洛尼

---

① 数据来源：美国无线通信和互联网协会(CTIA)，5G 安全测试床，2022.01.12, https://5gsecuritytestbed.com/。

尔和全球最大肉类供应商 JBS 集团分别遭勒索攻击，造成短期内美国石油、肉类供应紧张，促使发达国家进一步通过健全监管体系、完善参考架构等方式健全工业互联网安全保障体系。监管体系层面，美国总统拜登于 2021 年 7 月签署《关于改善关键基础设施控制系统网络安全的国家安全备忘录》，提出工业控制系统网络安全倡议，确定了以电力部门和天然气管道行业为试点的推进落实计划。2020～2021 年，CISA 发布《工业控制系统网络安全最佳实践》《保护工业控制系统：一体化倡议 2019～2023》等多份战略指导文件，旨在系统性指导工业企业提升网络安全能力。欧盟 2020～2021 年陆续通过了关于修订 NIS2 指令的提案、发布了《关于关键实体弹性的指令》《物联网安全指南》等，以增强关键基础设施面对复杂风险时的弹性。2021 年10 月，新加坡发布《网络安全战略 2021》，提出加强 OT 系统的网络安全，保护除关键信息基础设施外的实体与系统。参考架构层面，2021 年 9 月，NIST 发布《保护工业控制系统环境中的信息和系统完整性：制造业网络安全》指南 (SP 1800-10) 草案，从实践角度提供制造业网络安全风险分析和操作指南。德国、日本通过在本国工业 4.0 平台、机器人革命协会 (Robot Revolution Initiative, RRI) 等主要推进工业互联网的机构组织中设置网络安全工作组，保证工业互联网安全保障同步发展。

二是工业互联网安全技术与新兴技术融合发展。5G、AI、区块链、大数据等新兴技术不断发展并与工业互联网的安全挑战逐渐融合，工业互联网安全技术将面向新的技术应用环境和融合应用需求，与这些新技术进行有机融合。

基于大数据、AI 技术的工业互联网安全态势感知技术、利用 AI 等技术的威胁感知监测技术等快速发展，不断提升工业网络安全风险精确预警与准确处置的水平，实现网络攻击和重大网络威胁的可知化、可视化、可控化[6]。2020 年 10 月，阿肯色州大学开发的基于人工智能的 AVIRA 工具可以根据电力公司的运营环境自动执行更有效的风险评估流程。此外，工业互联网与电力、轨道交通、石油石化、航空航天等行业领域不断深化应用，各大工业互联网安全企业针对特定行业的技术、产品、服务以及新型企业不断涌现[7]。2020 年 6 月，以色列安全公司通过部署多个工控蜜罐构建具备电力行业特点的蜜罐网络，成功发现新型勒索软件对电力系统发起的攻击，并及时发布了应对措施。

三是工业互联网安全竞争合作主体多元化，投融资市场逐渐成熟。在全球制造业数字化转型发展趋势与日益严峻的网络安全形势驱动下，工业互联网安全产业快速发展，2020 年全球工业互联网信息安全市场规模达 160.19 亿美元，预计 2025 年将达 233.21 亿美元[8]。**工业互联网安全领域主体多元化工业网络安全初创企业受到较高关注。**目前工业互联网安全市场主体主要包括自动化企业、传统网络安全企业及工业互联网安全初创企业，大型自动化企业及传统网络安全企业积极通过收购有工业安全创新能力和技术的初创企业，以求在工业互联网安全市场进入集中阶段之前拥有技术优势[7]，拿下市场龙头地位，如罗克韦尔 2020 年接连收购专注于工控系统(Industrial Control Systems, ICS)网络安全服务的西班牙安全厂商 Oylo 和专注于工控系统、数据采集与监视控制系统(Supervisory Control and

Data Acquisition, SCADA) 等安全的以色列安全厂商 AVNET，微软、Cisco 及 Tenable、Forescout 等传统网络安全企业近年均有超 1 亿美元的收购初创工业安全企业活动。国内**工业互联网安全投融资活动较活跃**，在工业互联网安全政策持续推动、网络安全关注度持续上升的趋势下，2020～2021 年，工业互联网安全企业领域投融资活动较活跃，如博智安全、威努特、长扬科技等一批工业互联网安全企业都获 1 亿～3.7 亿元 C 轮及 E 轮投资，推动工业互联网安全产业发展出一批明星企业。除工控网络安全、工控安全态势感知、工业互联网安全监测与响应、关键基础设施网络安全等传统热门领域持续维持较高热度外，基于国防、军工、电力、通信等特定行业领域的孪生仿真工业网络空间靶场、AI 安全大数据应用等方向也获得资本关注，成为投融资热点。

1.3 数字技术规模化应用加速，风险应对路径亟待探索

1.3.1 人工智能安全风险驱动安全技术和治理创新

一是国际热点事件再次引发人工智能应用风险担忧。在经济社会领域，基于人工智能的信息推荐算法在提供满足人们偏好的信息内容同时，对干扰个人意志自由选择和拉大社会群体认知鸿沟的负面影响再次成为舆论焦点。2021 年 10 月，Facebook 前员工弗朗西斯豪根(Frances Haugen)曝光，Facebook 信息推荐算法主动推送极端性内容以吸引用户长时间驻留，严重威胁公共安全和社会稳定，

Facebook 因此遭遇信誉危机。2022 年 3 月 16 日下午，乌克兰电视频道"乌克兰 24"被黑客攻击，播放了使用深度合成技术制作的乌克兰总统泽连斯基呼吁乌克兰军队放下武器投降的虚假视频。虽然 Facebook 和推特立刻删除该造假视频，但依旧有超过 25 万人观看，对俄乌局势造成恶劣的影响。在国防军事领域，人工智能技术驱动的无人武器以其低成本、非接触、零伤亡等特点，备受相关国家青睐。2021 年 10 月，美国陆军研发的"杀人机器狗"步枪系统公开亮相，可通过远程指令输入从而达到远程控制的效果，能够在 1200 米的范围内进行精确射击。2021 年 11 月，伊拉克总理卡迪米在首都巴格达的住处遭遇自杀式无人机袭击。上述事件引发了国际社会对无人武器使用挑战国际战争伦理原则的深度担忧。

二是人工智能安全问题驱动相关技术研究更趋活跃。 当前，数字化进程推动算网融合智能化发展，算力已成为促进国家数字化转型、提升国际竞争力的重要因素，AI 计算能力作为能够反映国家前沿计算能力的代表性能力，全球 AI 算力支出持续升高，占总算力支出比例已达 12%，将在 2025 年达到 25%①。随着 AI 研发投入升高、技术发展不断加快，安全问题也逐渐显露，受现实中的 AI 安全事件持续增长的影响，近两年政府部门、学术界和产业界发布的 AI 安全性方面的研究论文多达 3500 余篇，主要集中在对抗样本攻击和防御、数据投毒攻击和防御、模型可解释、算法逆向攻击和防御等领域，超过过去二十年的总和[9]。其

---

① 数据来源：IDC、浪潮信息、清华大学全球产业研究院，《2021~2022 全球计算力指数评估报告》，2022。

中，人工智能在网络安全的应用作为最受关注的领域之一，其技术创新成果进展显著。以美国国防部高级研究计划局 (The Defense Advanced Research Projects Agency, DARPA) 开展的人工智能安全防御技术相关项目为例，针对僵尸网络攻击防御的自主系统对抗网络对手计划(Harnessing Autonomy for Countering Cyberadversary Systems, HACCS) 项目识别网络灰色地带并实施准确打击，其对全球网络的识别率从 2018 年的 5%提升到 2021 的近 80%，准确率也从 80%提升到 95%；面向新型攻击检测的大规模网络捕猎 (Cyber Hunting at Scale, CHASE)项目，利用机器学习的优势，对于数据投毒、对抗样本等攻击模式已实现以毫秒为单位的大规模数据跟踪分析和攻击检测；确保人工智能抵御欺骗的稳健性 (Guaranteeing AI Robustness Against Deception, GARD)项目，开发提高机器学习系统应对面向音视频的伪造等欺骗数据和敌对攻击鲁棒性的方法通过挑战性问题、攻击模拟和公开竞赛建立了机器学习风险的评估试验台[10]。

三是人工智能安全治理体系建设进入实践探索新阶段。从安全目标看，应用合法性、功能可靠性、行为可控性、数据隐私安全、决策公平性、责任可追溯等，已成为美国、欧盟等主要发达国家和地区人工智能安全关注的重点目标。2021 年 4 月，欧盟公布了《制定关于人工智能统一规则(人工智能法案)和修订特定欧盟法案的条例》(以下简称《人工智能法》)的提案，提出了确保人工智能系统安全可靠，尊重自然人基本权利，促进人工智能应用合法、安全和可信。2021 年 12 月，美国白宫公布了一项名为《促进政府使用可信人工智能》的行政令，提出联邦机构使用

AI 必须合法，确保准确、可靠和有效，保障安全、可追溯以及透明性等。从治理方式看，基于风险分级治理探索首次提出。欧盟《人工智能法》首次尝试以法律形式构建起以全部人工智能系统为规制对象的安全管理体系，着重根据对欧洲价值观以及公民基本权利的潜在危害程度不同，将人工智能系统划分为绝对禁止、高风险、低风险和最小风险四级[11]。

1.3.2　数字孪生安全研究和实践应用持续深化

当前，物联网、大数据、人工智能等数字技术快速发展和融合应用，不断提升数字孪生的感知控制、虚实交互等核心能力，推动数字孪生在融合领域的部署及应用，实现了网络空间与物理世界的互连接、互映射、互操作。随着数字孪生逐渐成熟，引发的安全问题不断显现，使得国际上数字孪生安全探索和研究步伐不断加快、应用领域持续拓展。

一是数字孪生应用加速安全风险蔓延。数字孪生通过数据采集、模拟建模、业务集成、反馈控制等技术，实现对物理世界资产的实时连接、分析及细粒度监控和管理，加速网络物理空间融合发展，打破传统封闭的生产控制环境，驱使安全风险向物理世界蔓延。大量传统生产设备联网暴露、物联网设备安全能力高低不一、敏感数据和控制接口等资源高度汇集等因素，使数字孪生面临安全漏洞、恶意软件、僵尸病毒等威胁不断增大，形成网络安全"牵一发而动全身"的局面，攻击者可将一个或多个脆弱点作为突破口渗入到数字孪生网络，实现数据访问窃取、物理设备控制、制造数据孪生假象进行欺骗，引发系统运行中断、生产线停摆、工厂停工以及人身安全等级联效应。2021年 4 月，美国市场研究机构 Grand View Research 发布数字孪生市场研究报告，指出 2020 年全球数字孪生市场规模为 50.4 亿美元，预计 2021 年至 2028 年，将以 42.7%的年复合增长率扩张，数字孪生将广泛应用于制造业、农业、医疗健康、能源、零售消费、建筑业以及汽车和运输等行业[①]。随着数字孪生规模化应用，安全风险将不断向各行业领域逐渐延伸，成为影响经济、社会安全的潜在因素。

二是数字孪生安全研究和实践不断落地。2021 年 4 月，NIST 发布 NISTIR-8356《数字孪生技术与新兴标准的考虑》草案[②]，该草案研究了数字孪生架构所带来的新兴和传统的网络安全挑战，包括智能家居和智慧城市等数字孪生场景中物联网设备安全漏洞风险、数字孪生数据资源集中化风险、网络攻击影响实体设备等风险，并指出可依据《网络安全框架》(NIST Cybersecurity Framework)《信息系统与组织的安全和隐私控制》(NIST SP 800-53, Rev.5)等已有的安全规范确保数字孪生安全部署及开展安全测试，参考物联网网络安全计划(NIST Cybersecurity for IoT Program)为数

---

① 数据来源：Grand View Research. Digital Twin Market Size, Share & Trends Analysis Report By End-use (Automotive & Transport, Retail & Consumer Goods, Agriculture, Manufacturing, Energy & Utilities), By Region, and Segment Forecasts, 2021-2028, https://www.grandviewresearch.com/industry- analysis/digital-twin-market。

② 数据来源：National Institute of Standards and Technology, Considerations for Digital Twin Technology and Emerging Standards: Draft NISTIR 8356 Available for Comment。

字孪生物联网设备提供安全实践指南，建议应用标准化加密算法、双因素或多因素身份验证机制，以及提高数字孪生系统的物理性安全防护。微软①、数字孪生联盟等企业和组织不断推动数字孪生安全解决方案的研究、开发和落地，通过身份认证和授权、数据加密、精细化访问控制、VPN等技术手段来提高数字孪生安全性。

三是数字孪生应用领域持续拓展。随着数字孪生在各行业领域实践部署，其应用和作用范围不断扩大，衍生数字孪生与网络安全融合应用新模式，为发展主动安全能力、加强安全风险防护开辟新路径。2021年4月，埃森哲实验室联合网络安全公司OTORIO开展利用数字孪生预测网络风险的研究②，指出5G、物联网等技术使IT/OT融合领域安全风险不断上升，传统独立的OT网络环境被打破，大量基础设施联网暴露使网络攻击面扩张、安全影响扩大，数字孪生与网络安全技术融合应用能够实现实时的、基于证据的安全风险预测。研究通过模拟造纸业务流程和网络环境(如图1.4所示)，感知数字资产并分析可能出现的攻击及影响、对单个流程及操作性能进行风险评估、识别流程中存在的安全漏洞并采取相应的解决措施，探索开发利用

---

① 数据来源：Microsoft. Secure Azure Digital Twins, https://docs.microsoft.com/en-us/azure/digital-twins/concepts-security。

② 数据来源：Accenture，Get ahead of cyberattacks with digital twins, https://www.accenture.com/us-en/blogs/technology-innovation/klein-engelberg-get-ahead-of-cyberattacks-with-digital-twins。

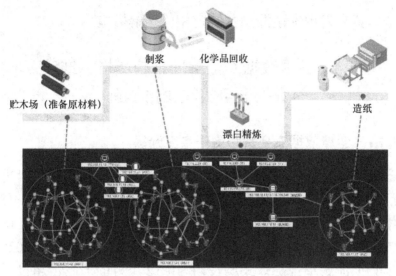

图 1.4　埃森哲与 OTORIO 提出的造纸业务流程网络环境孪生

数字孪生针对网络风险的安全解决方案。以色列网络安全公司 Cybellum 通过建设车联网数字孪生平台开展安全实践，为汽车制造商提供仿真模拟环境，对车载系统代码进行风险分析和评估，以应对网联汽车网络风险[①]。意大利网络安全公司 Haruspex 推出网络安全数字孪生解决方案，对网络孪生空间采取威胁评估和预测、零日漏洞模拟和防御、安全取证等措施，在不影响现实功能、业务的情况下提高网络系统的安全防护水平[②]。国际知名工程公司 Wood 也提出利用数字孪生模拟不同场景下的网络系统，通过网络攻

① 数据来源：Slava Brofman, Protecting vehicles from hackers via a 'digital twin', https://europe.autonews.com/guest-columnist/protecting-vehicles-hackers-digital-twin。

② 数据来源：Haruspex, Cyber Security Digital Twin, https://www.haruspexsecurity.com/cyber-security-digital-twin/。

击模拟来发现安全漏洞并制定相应缓解措施[①]。

1.4　各国数据安全治理日趋严格，推动数据安全实践变化革新

1.4.1　全球数据安全威胁治理难度升级

一是全球数据安全风险愈发严峻。随着数据在生产生活中发挥着愈加重要的作用，数据安全问题日益凸显，对用户权益、社会稳定乃至国家安全带来严重威胁。据 Canalys 最新研究报告《网络安全的下一步》显示[②]，2020年数据泄露呈现爆炸式增长，短短 12 个月的泄露量超过了过去 15 年的总和，如图 1.5 所示。

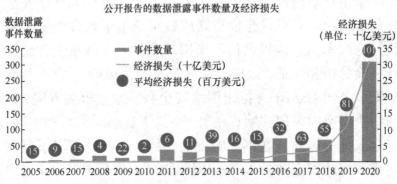

图 1.5　2005～2020 年数据泄露趋势图

① 数据来源：Wood, Digital twins for cybersecurity，https://www.woodplc.com/insights/articles/digital-twins-for-cybersecurity。

② 数据来源：Canalys，Now and Next for the cybersecurity industry，https://www.canalys.com/reports/cybersecurity-market。

数据安全风险持续演进，逐渐呈现以下趋势：在攻击手段方面，恶意攻击比例逐年升高，攻击方式持续演进升级。据 IBM《2020 年数据泄露报告》显示[①]，恶意攻击是大部分数据泄露事件的罪魁祸首，如图 1.6 所示，52%的数据泄露事件涉及恶意攻击，同时诸如暴力破解、勒索攻击、撞库攻击、漏洞攻击、社会工程学攻击等攻击方式层出不穷且持续演进升级，特别是勒索攻击，目标多元化、手段复杂化、解密难度大、支付赎金高等趋势明显，持续成为全球数据安全治理的一大难题[12]。

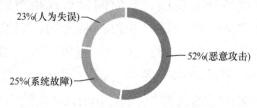

图 1.6　数据攻击手段分析(IBM《2020 年数据泄露报告》)

在攻击对象方面，云平台逐渐成为攻击者的首选目标，云平台数据安全事件影响广泛。随着云计算技术的全面成熟及广泛普及，各行业普遍采用云计算技术进行数字化转型，云平台在成为支撑经济社会运行的网络基础设施的同时，也因大规模数据汇聚逐渐成为攻击者的首选目标。2021年 5 月，北约机密云平台的重要供应商 Everis 遭网络攻击，与云平台相关的重要代码、文档等数据全部失窃，攻击者勒索超 10 亿欧元赎金，并扬言要把数据发给俄罗斯情报机构。2021 年 6 月，黑客通过入侵富士通的 ProjectWEB 平

①　数据来源：IBM, Cost of Data Breach Report 2020.

台窃取了多个日本政府部门的敏感数据，涉及交通和旅游部、外务省、成田国际机场等。**在被攻击数据类型方面，高价值特殊敏感数据安全风险加剧**①。政务、医疗及生物识别信息等高价值特殊敏感数据，正逐渐成为数据泄露的重灾区[13]。2021 年 7 月，东京奥组委数据遭到泄露，参与奥运网络安全演习的约 90 个组织的 170 位安全管理人员的信息均遭泄露，涉及奥运会与残奥会组委会、日本各部委、东京与福岛县等赛事举办地当地政府以及多家奥运会赞助商。2022 年 2 月 23 日，乌克兰数百台重要的计算机相关组织的系统设备受大规模、长时间分布式拒绝服务攻击和数据擦除等攻击，多个政府和银行系统的数据遭到泄露、删除，导致服务中断。2 月 26 日，黑客组织"匿名者"在攻陷超过 300 家俄政府、媒体、银行网站后，发布俄国防部数据库数据，包括武器供应商 Tetraedr 大约 200GB 的邮件数据，涉及地空导弹等内容。

　　二是数据安全治理难度持续升级。数据安全问题已成为全球关注热点，各国纷纷采取对策积极应对，但当前数据安全治理仍存在较大困难。**首先，数据泄露原因复杂**。数据泄露原因可能是恶意人员、物理入侵、网络钓鱼、社会工程学攻击，也可能是凭证被盗、配置错误、软件漏洞等，如图 1.7 所示；攻击动机可能是单纯的炫技、商业或经济利益、军事或政治利益等，这些不确定来源和因素都给数据安全风险防范带来一定难度。**其次，数据要素市场化带来新的挑战**。随着数字化进程加速推进，复杂网络中的

---

① 数据来源：赛迪智库《数据安全治理白皮书》。

数据流大幅增加，极大地模糊了传统数据安全的边界，使得传统的基于边界或网元的静态防护模式已不再适用，共享开放、交易流动等关键环节的安全保障能力亟待强化。**最后，新技术新业务快速迭代引入新的安全风险。**伴随着信息技术的飞速发展、新技术新应用场景的日渐复杂，大量新型数据类型、新型数据生产方式、新型数据处理方式、新型终端形式等不断涌现，衍生出数据安全新风险、新问题，而对于新型安全风险的研究和防范能力目前还有待提升，安全挑战不断加剧。

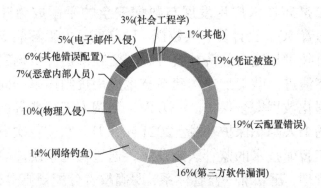

图 1.7　数据泄露原因分析(IBM《2020 年数据泄露报告》)

1.4.2　数据安全管理框架体系愈趋完善

一是数据安全上升至国家安全战略高度。各国对数据安全的认知已从传统的个人隐私保护上升到维护国家安全的高度[14]，从自身国情出发，在现有较为成熟的个人信息保护制度基础上，积极部署国家安全战略、数据战略，抢占数字经济发展先机，维护国家安全。2020 年 10 月，美国国防部发布《国防部数据战略》，将数据作为战略资产，通过构建访问控制和最严格的安全标准来保护国防部数据安全，以实现数据推动作用下的联合全域作战，构筑国家安全保护屏障。2020 年 2 月，欧盟相继发布《欧洲数据战略》及其配套法案《数据治理法案》提案，力求在欧盟层面建立统一的数据治理框架，保障数据安全。2020 年 9 月，英国发布《国家数据战略》，通过搭建国家层面的数据安全治理方案，建设促进增长和可信赖的数据机制保障国家安全。下一步，各国还将从国家层面进一步完善数据安全战略规划及法律政策，探索数据安全、国家安全与数字经济发展之间的平衡之道[14]。

二是新技术应用发展与数据安全的平衡成为政策重点。随着 5G、云计算、大数据、物联网、人工智能等新一代信息技术加速向经济社会各领域泛在渗透，数据安全风险动态演进。欧美加速构建新技术应用规则体系的同时，不断强化数据安全保护。一方面，强调人工智能等新技术应用的个人隐私保护基线。2021 年 4 月，欧盟首次发布针对人工智能技术的监管法规草案，通过实施系统风险分类分级管理，建立统一监管体系，明确权责分配规则等措施，确保人工智能系统不侵犯个人信息。2021 年 3 月，美国人工智能国家安全委员会发布《美国人工智能国家安全委员会最终报告》，加强监督和审计，提高人工智能使用的公共透明度，推进隐私保护和公平，确保政府机构对人工智能工具的使用合法有效。另一方面，借助数据跨境安全管理政策助力产业发展。各国将数据跨境流动管理政策与产业发展目标密切结合，使数据跨境流动管理政策最大程度服务于本国人工智能、数据中心和云服务等新兴技术产业发展。欧美立足在人工智能领域的先发优势，提倡数据自由流动以巩固产业领先地位。新加坡、印度、印度尼西亚等国家通过营造宽松的数据跨境流动政策环境、采取数据本地化政策等措施，服务本国数据中心、云服务发展。

　　三是数据安全执法推动监管要求落地实施。疫情背景下，数据滥用、泄露等安全问题突出，主要国家和地区围绕数据安全保护，针对大型互联网企业、大型产品和服务提供商、政府机构等重点主体，围绕医疗健康数据、生物识别数据等重点数据类型，以及数据共享、使用等重点处理活动开展多层次执法活动，创新执法举措，确保执法实效。2021 年 7 月至 9 月，卢森堡和爱尔兰数据监管机构依据欧盟《通用数据保护条例》(GDPR)对美国电商巨头亚马逊及 Facebook 旗下即时通信用 WhatsApp 违规分析、共享数据行为分别开出 7.46 亿及 2.25 亿欧元高额罚款。2021 年 5 月至 8 月，瑞典数据保护机构和荷兰数据保护局分别对医疗健康委员会、荷兰税务和海关管理局等政府部门违法发布个人敏感信息、违规处理托儿津贴申请人的国籍信息展开调查。2021 年 5 月，美国联邦贸易委员会(Federal Trade Commission, FTC)发布了《2020 年隐私和数据安全报告》，延续性介绍了 FTC 在消费者隐私保护和数据安全方面的重点案例和执法措施，通过干预企业运营、对个人采取禁业限制、要求企业实施全面的安全计划等措施，建立长效执法机制，切实保障企业隐私安全和数据安全。

1.4.3　数据安全技术创新突破加快

　　一是全球数据安全产品市场呈快速增长态势。从市场规模来看，据 Grand View Research 统计，2019 年全球云数据保护即服务(Data Protection as a Service, DaaS)市场规模达到 119.7 亿美元，预计 2020~2027 年复合增长率将达31.3%。从产品市场规模来看，数据安全产品市场增速达到15.85%，各国不断推出的数据安全和隐私合规要求，驱动企业积极部署数据防泄露数据管控等相关产品。从融资的技术领域来看，数据安全领域融合活动占比超过 10%。

二是数据安全技术不断演进突破。根据 Gartner 发布的《2020 年数据安全技术成熟度曲线》，数据安全技术可分为五个关键阶段。其中，风险评估、机密计算、同态加密、差异隐私、零知识证明、数据安全区块链等技术处于技术萌芽期。数据泄露响应、安全多方计算、数字伦理、隐私影响评估、数据分类、多云密钥管理等技术处于期望膨胀期。保留格式的加密、设计隐私、隐私管理工具等技术处于泡沫破裂谷底期。数据清除、企业密钥管理、即时通信全、云访问安全代理、动态数据屏蔽等技术处于稳步爬升复苏期。企业数字版权管理、数据库审计与保护、数据库加密，处于生产成熟期。

三是新兴数字技术逐渐在数据安全防护中应用。对于行为特征明显的外部攻击，如 SQL 或者 NoSQL 注入，一般通过对攻击特征进行识别，对相关的访问行为进行监测和保护。而针对数据的 APT 攻击采用长期隐蔽的攻击实施方式，并不具有能够被实时检测的明显特征，企业探索通过人工智能、机器学习等新兴数字技术，对大量数据进行分析，从态势来察知"全路径威胁"——对于入侵的不同阶段和攻击类型进行识别、阻止和响应，从源头上提升对未知威胁的防御能力和效率。IBM 等国外头部厂商充分利用人工智能等技术在算法优化、数据处理、漏洞分析、响应速度等方面的优势，研发并推出了"人工智能+数据安全"等数据安全解决新方案，持续赋能数据安全产品在物联网、智能驾驶等复杂场景中的全面应用及快速迭代，以期更加高效和快速地响应、解决数据安全风险。

1.4.4　隐私计算护航数据价值流通共享

一是交叉学科融合发展，探寻隐私计算之术。面对日益严峻的数据安全形势，隐私计算于近年被提出，以应对日益增长和日趋迫切的个人隐私和数据安全需求。隐私计算包含多种技术路线，例如，安全多方计算、同态加密等密码学技术，联邦学习等人工智能算法[15]，差分隐私等基于统计学的算法，机密计算等借助可信执行环境硬件能力的安全方案等。安全多方计算最早由图灵奖获得者、中国科学院院士姚期智于 1982 年提出，用于解决一组互不信任的参与方各自持有秘密数据，协同计算一个既定函数的问题。差分隐私最早由 Dwork 于 2006 年提出，成为量化和限制个人信息泄露的输出隐私保护模型。同态加密的首个实用性方案由 Gentry 于 2009 年提出，并自此进入高速发展期。联邦学习最初由谷歌工程师于 2016 年提出并应用落地，用于解决语言预测模型更新问题。权威咨询机构 Gartner 于 2019 年对机密计算进行了定义并将其纳入隐私保护场景。

隐私计算概念尚未成熟时期，其包含的多种关键技术独立迭代演进。2019 年，联合国国际大数据工作组发布的

UN Handbook on Privacy-Preserving Computation Technique 将多种关键技术融合应用于隐私计算技术体系，以应对不同的数据隐私保护目标并实现数据价值的挖掘。隐私计算并不是一种单一的技术，它是一套包含人工智能、密码学、数据科学等众多领域交叉融合的跨学科技术体系[16]。在多方数据联合计算的过程中，融合使用一种或多种隐私计算技术，在不直接共享数据的前提下进行数据分析和数据价值挖掘，保证数据"可用而不可见"，从而实现对数据隐私的保护。

二是法律框架日渐完善，拓展隐私计算市场空间。频发的隐私安全事件加速了各国政府和民众推动数据保护法制化步伐，各国相继推出数据安全及隐私保护相关法律法规，以规范个人信息和隐私数据的采集和使用。日渐完善数据安全和隐私保护立法框架拓展了隐私计算技术应用的市场空间，隐私计算技术需求日益旺盛。在此背景下，隐私计算为数据合规处理提供了一种可行之方，以应对日益完善的数据保护法律体系与监管框架对个人信息和隐私安全提出的制度性要求。对于数据最小化原则，隐私计算通过使用联邦学习、差分隐私等技术，来减少模型训练和预测阶段处理的个人信息数据量，试图在数据最小化的合规目标和数据计算的效用目标之间取得平衡[17]。针对数据在未授权情况下不得进行共享的要求，隐私计算在原始数据不出本地域的前提下，通过技术手段保证参与计算双方或多方得以完成数据特征对齐和模型共建。计算过程中，各计算参与方无法取得或知晓彼此的原始数据，规避了隐私数据转移及其附加的权利义务规制，在合规框架内实现了数据价值的共同利用。

　　三是消弭数据孤岛困境，探索数据流通共享之道。 国际视野下，数字技术的发展创新极大便利了信息的交互，降低了各数据管理主体间的数据流通门槛，弥合了物理和空间上的信息隔离。但各国家、各机构相对独立的信息化规划和建设致使国家间、机构间数据割裂现象明显，"数据孤岛"困境普遍存在。孤岛间缺乏数据共享和交换，不仅多头采集和维护影响了数据的一致性和准确性，孤立的局部信息也造成了严重的数据价值浪费。

　　消弭数据孤岛的困境，其关键在于数据的流通共享。对于数据流通共享中的隐私安全及数据主体互信问题，隐私计算从技术角度提供了一种解决方案，并满足单数据方的主动开放、无数据方的申请使用以及多数据方间的联合计算等全数据流通场景[18]。隐私计算方案下的各数据参与方对彼此数据"可用不可见"，在满足数据可用性要求的基础上保证了计算中和计算后的数据隐私安全，以技术方式化解了多数据参与方共建信任的难题，实现了多方数据安全共享。隐私计算通过实现计算过程的数据隐私保护，使数据不出本地而实现数据价值的多方共享。一方面，多数据参与方共建模型弥补了数据孤岛的局部计算劣势，充分挖掘了数据潜在的巨大价值；另一方面，数据"可用不可见"的计算方式实现了从"数据所有"流通到"数据价值"流通的升维，在保护隐私安全的基础上释放了数据价值，为数据流通共享的探索之路提供了技术性参考。

1.5 全球网络安全市场发展放缓，新兴技术产品持续涌现

1.5.1 网络安全重点技术领域创新活跃

一是 2020 年全球市场规模增长情况优于预期。2020年全球网络安全市场规模为 1366.6 亿美元(约合人民币8670 亿元)，同比增长 8.2%。从增速上看，虽低于 2019 年同期水平，但高于 2020 年 6 月 Gartner 预测的 2.75%，这一超预期增长也反映了全球范围内对网络安全的迫切需求。另外，受益于市场对远程办公技术和云安全的长期需求，2021 年产业规模达到 1537.3 亿美元，同比增长 12.5%；未来五年(2020～2025 年)全球网络安全市场规模复合年均增长率为 10.8%[19]。2014～2021 年全球网络安全市场规模及增速情况如图 1.8 所示。

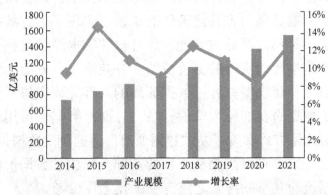

图 1.8 2014～2021 年全球网络安全市场规模及增速

二是网络安全市场结构分布稳中有变。根据 Gartner 统

计数据，网络安全产品市场整体增速显著高于网络安全服务市场，且整体服务市场规模逐年趋于平稳。2020 年全球网络安全服务市场规模为 650.7 亿美元(约合人民币 4130 亿元)，同比增长 4.95%。其中，安全外包及安全托管服务发展势头强劲，2020 年该类别支出同比增长 7.3%，远高于安全服务平均增速。2020 年全球网络安全服务市场及构成情况如图 1.9 所示。

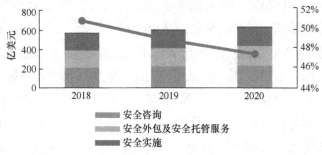

图 1.9　2020 年全球网络安全服务市场及构成情况

2020 年全球网络安全产品市场规模达 715.9 亿美元(约合人民币 4540 亿元)，较 2019 年增长 11.2%。其中，云安全、应用安全两大领域均以超过 30%的增速迅速壮大，成为极具发展前景的两大细分领域。

三是重点领域投融资热度攀升。融资方面，2020 年，网络安全融资热度大幅攀升，成为科技主题市场融资最为活跃的领域之一。2020 年，全球网络安全融资活动为 539 起，较 2019 年的 420 起大幅提高 28.33%，交易金额首次突破百亿美元大关，达到 107 亿美元(约合人民币 680 亿元)，较 2019 年增长 20.22%。其中，风险管理与合规、数据安全、网络与基础设施安全、身份管理与访问控制等成为历年来融资活跃的重点领域，相关领域融资活动占比均超过 10%。2020 年，风险管理与合规领域的融资数量占比提升至 18%，数据安全则超越网络与基础设施安全，排名第二位，占比提升至 13%；安全运营/应急响应/互联网威胁领域相关融资数量占比由 2019 年的 9%提升至 2020 年的 11%[20]。

　　并购方面，2020 年网络安全并购活动有所降温，并购数量和金额双双下降。据不完全统计，2020 年全球共发生 178 起网络安全并购活动，较 2019 年下降 5.8%，并购交易总金额为 200 亿美元(约合人民币 1270 亿元)，较 2019 年大幅下降 28.1%。其中，安全咨询与服务、网络与基础设施安全、安全托管服务、身份管理与访问控制是 2020 年较为热门的并购领域，并购活动占比均超过 10%。与 2019 年相比，云安全、防欺诈/交易安全、数据安全、风险管理与合规领域的并购活动占比显著提升。2020 年，多起单笔并购交易资金规模超 10 亿美元(约合人民币 63 亿元)，其中，以 Insight Partner 为代表的私募股权公司在大规模网络安全企业收购中异常活跃。

1.5.2　主动防御技术打破攻防不对称局面

　　在网络安全攻防博弈中，网络安全防御方通常处于劣势地位，传统防火墙、入侵检测为主的防御方式具有滞后性，仅能在攻击发生时和攻击发生后进行攻击检测。面对当前层出不穷的手段复杂、持续时间久和隐蔽性强的新型攻击手段，传统被动防御方式已经难以应对。为了改进和提升防御实效，能够主动发现隐藏的网络威胁、诱导并追踪攻击者的主动攻击技术及相关产品应运而生。

1. 威胁狩猎

威胁狩猎(Threat Hunting)需要在没有任何警报触发情况下，主动从数据中寻找现有安全解决方案无法识别的威胁和攻击。威胁狩猎是一个持续过程，其过程的起点是假设，通过工具、技术和平台对网络和 IT 环境中的异常情况和正在进行的攻击进行探索和发现，当调查结果中发现新的攻击手段和过程时，将其添加到分析平台或以情报输出，从而反馈和增强分析系统，以此形成闭环。其中，威胁情报能够基于对情报的广泛收集为威胁狩猎过程中的威胁研判提供依据和支撑，而威胁狩猎结果也能补充威胁情报数据增强情报库能力。根据威胁情报和调查平台 DOMAINTOOLS 的 2021 年度威胁狩猎报告，88%的组织认为威胁狩猎是首要的安全举措，68%的组织表示该技术减少了分析调查的时间并提高了高级威胁的发现能力[21]。

当前威胁狩猎还处于高速发展阶段，威胁狩猎过程更多地还是依靠人来提供准确的狩猎结果。从产品应用上来看，威胁狩猎系统通常通过与其他安全分析平台进行融合，来提供较为全面的威胁追踪与分析能力。一是与 SIEM/SOC 类综合分析平台进行融合。SIEM/SOC 类产品能够集成大量设备的安全事件、数据情报等，提供大数据存储和分析能力。将威胁狩猎与 SIEM/SOC 类产品融合集成是一种主流的方式，并且威胁狩猎也是当前衡量 SIEM/SOC 类产品能力的关键功能。例如，可通过在 SIEM 产品中添加威胁狩猎产品模块，支持可视化的内外情报数据检索和威胁关联分析。二是与终端类安全平台进行融合。随着虚拟化技术的发展，网络边界的打破和节点数量的急剧增加都改变了网络安全攻防态势，对主机和虚拟主机的攻击和防护成为了当前网络安全环境中的重点环节之一，因此终端类产品与威胁狩猎的融合成为面向复杂环境和大规模节点的安全防护发展方向。例如，在终端安全产品中增加威胁狩猎模块，可提供实时的威胁可见性和可追溯性等核心能力。当前，Sqrrl、Red Canary、Splunk、Logrhythm、IBM、Crowdstrike、Elastic 等厂商已经通过提供服务或者在 SIEM、终端类产品中增加相应模块等方式，对威胁狩猎进行布局。

2. 欺骗防御

欺骗防御(Deception)旨在主动牵引攻击者进入欺骗节点，通过观察攻击者行为输出有效防护措施。欺骗防御是一种能够改变攻防博弈地位、实施主动防御的安全防御技术。欺骗防御技术从蜜罐/蜜网技术发展而来，在传统蜜罐/蜜网的基础上，增加了诱饵、攻击流量牵引、环境探测、网络/资产模拟等一系列功能，其通过对被保护环境中节点、网络、服务、数据等资源和资产进行更真实的模拟伪装，能够更主动地诱导攻击者和恶意软件按照防御策略对虚假资源实施网络入侵，从而捕获、观察，以阻断、追踪、记录和分析攻击行为，实现低误报、高检测率的安全防护。

攻击牵引能力是欺骗防御的核心能力之一，诱饵技术和引流技术是当前实现攻击牵引能力的两个主要关键技术。诱饵的真实性直接决定了欺骗的质量，涉及虚假网络、虚假终端、虚假应用服务和虚假数据等。引流技术则主要包括基于诱饵的引流和基于网络的引流两类，其中基于诱饵的引流在诱饵信息中嵌入蜜罐、蜜网等目标欺骗环境的信息，诱骗攻击者攻击相应环境。基于网络的引流则结合入侵检测技术，识别威胁后通过网络技术实施流量牵引主动把攻击者流量引入欺骗环境中。

国外厂商在欺骗防御领域发力较早，Attivio[①]、Illusive[②]、TrapX[③]、Cymmetria[④]、GuardiCore[⑤]、TOPSpin[⑥]等厂商均能提供相对成熟的欺骗防御能力。当前市场上欺骗防御产品主要包括两种产品形态，一种是以独立产品的形式提供相关能力，另一种是将欺骗防御能力作为其他安全产品的能力补充。其中，独立欺骗防御产品具有独立的欺骗防御功能，可以部署于物理或云环境中。例如，云端联动的欺骗防御产品能够提供混合云、多云和其他多种复杂环境的安全联动，基于欺骗实现攻击面缩小，对横向攻击移动进行检测和防御，并对攻击数据和行为进行记录和分析。欺骗技术作为安全产品的能力补充则通常将欺骗防御能力集成在现有安全产品(如防火墙、入侵防御系统、WAF、EDR 等)中。例如，可以通过在终端安全产品中加入欺骗能力，增强终端安全产品的主动防御和攻击检测能力。

---

① Attivio：德国大数据服务解决方案提供商。
② Illusive：以色列网络安全公司。
③ TrapX：美国网络安全公司。
④ Cymmetria：以色列网络安全公司。
⑤ GuardiCore：以色列网络安全公司。
⑥ TOPSpin：美国网络安全公司。

1.5.3　新需求下安全即服务成为发展趋势

当前，网络空间不断增加的安全风险和持续增强的合规要求，都对企业机构提出更高的资金和人员投入要求，安全产品数量的提升、复杂性的增强和人员的短缺都使得传统的、仅仅依靠企业机构自身力量而进行的安全防护方式难以为继。随着市场开始呼唤更便捷、高性价比、专业化的安全能力输出方式，以及以云服务方式销售某种能力的销售模式被普遍接受，安全即服务(Security as a Service, SECaaS)这种新型安全能力输出方式应运而生。安全即服务是一种通过云计算方式交付安全能力的服务形式，这种交付形式可减少因采购硬件而带来的安全支出。除高性价比之外，能够减少产品部署成本和时间、持续高效地进行内容更新、提供全天候立体安全运营、更高效开展应急响应等优点。

在全球新冠疫情的影响下，远程办公及其安全性已经成为最主流的需求之一，这促使面向信任的可扩展和快速上线服务化安全防护模式加速发展。已相对成熟的典型技术包括身份认证即服务(IDentity as a Service, IDaaS)、防火墙即服务(FireWall as a Service, FWaaS)等，还处于应用落地阶段最具潜力的技术则为被 Gartner 纳入"2020～2021 年八大网络安全技术趋势"的安全访问服务边缘(Secure Access Service Edge, SASE)。其中，身份认证即服务能够提供快速交付的身份认证能力以降低部署和运维难度，防火墙即服务提供按需分配的访问控制执行层能力，而安全访问服务边缘则能够应对当前复杂业务提供精细化的安全防护和网络链路优化。

1. 身份认证即服务

身份认证即服务是由第三方服务商构建的，能够向订阅的企业、开发者提供基于云端的用户身份验证、访问管理服务，用户可在不同地方通过多种设备对本地部署的核心系统或云部署的软件即服务进行访问。服务商一般通过身份认证平台以 SaaS 服务形式向外提供安全能力，通过单点登录、用户权限管理等方式实现多种云资源的安全访问和权限的统一管理。据 Momentum 预计，IDaaS 市场将由 2018 年的 13 亿美元增长至 2025 年的 77 亿美元，年复增长率达 29.6%。

国际上身份认证即服务的发展已经相当成熟，已成为云场景下被用户普遍接受和应用的一种身份认证方式。一般来说，身份认证即服务核心功能包括单点登录、智能多因素认证、账号生命周期管理、登录审计、集中授权等。目前，IDaaS 专业化厂商包括 OKTA、onelogin 、Ping Identity、idaptive 等。其中，OKTA 通过自研、收购等方式提供用户目录管理、自适应多因素身份验证、预配置的流程身份创建等功能，可接入上万个 SaaS 产品及私有部署应用，其在 Gartner 及 Forrester 的 IDaaS 厂商评比中均处于领先位置。微软、IBM、Oracle、谷歌、阿里云等 IT 巨头也积极布局自有的身份认证平台。由于 IDaaS 旨在为混合云、软件即服务应用等异构网络提供统一安全保护，其标准化程度将影响可接入软件数量和可移植能力，在一个平台上实现最大范围的权限管理或将成为 IDaaS 领域未来竞争核心。

2. 防火墙即服务

防火墙即服务是另一种提供接入控制的安全即服务类型，为云平台、基础设施和应用程序提供统一管理的动态、细粒度防火墙配置，形成虚拟屏障的云防火墙，以解决自动化程度较低的传统防火墙在动态网络系统中配置复杂度和成本过高，以及难以保护远程用户访问云的难题。当前防火墙即服务多被用于为分支机构提供进出流量的防控，并已在政府、IT、电信、公共事业等领域行业中占有一席之地，而随着基于云的应用数量快速增长、云数据泄露事件激增以及业务组织防火墙协议不断变化，未来全球防火墙及服务市场仍有很大的发展空间。根据 Research And Markets 发布的报告，防火墙即服务市场在 2021 年至 2026 年之间的复合年增长率预计为 22%。据 Gartner 预计，到 2024 年，20%新部署的分布式分支机构防火墙将改用防火墙即服务[22]。目前防火墙即服务市场还处于高度竞争状态，主要供应商包括思科、微软等大型网络服务商，Palo Alto Networks 等安全领头企业，以及以色列 Cato Networks、美国 OPAQ、美国 Zscaler 等专注于安全即服务的安全初创企业等。未来防火墙即服务的发展关键将在于如何突破内部隔离这个难题，实现集中管理和编排并提供高吞吐量相关性能将进一步拓展该产品的应用场景。

3. 安全访问服务边缘

与身份认证即服务、防火墙即服务等典型成熟的技术不同，安全访问服务边缘是 2019 年由 Gartner 首次提出的新兴概念。其目的主要是缓解当前云服务、移动化办公及网络架构去中心化给传统网络及安全架构带来的巨大压力。安全访问服务边缘是一种将设备连接到基于云的集中式服务的模型,其基于软件定义广域网(SD-WAN)搭建虚拟化架构,并以云的方式进行统一交付,通过将分散的网络和安全服务融合在一起,为用户提供更大的灵活性、更低的成本以及更好的性能。一般来说,安全访问服务边缘的主要功能需要包括 SD-WAN、安全 Web 网关、云访问安全代理(Cloud Access Security Broker, CASB)、软件定义边界(Software Defined Perimeter, SDP)、DNS 保护和 FWaaS 等,其在安全访问服务边缘云中对 IDaaS、FWaaS、SDP、威胁检测等安全能力进行集中定义、编排和管理,通过边缘连接器在边缘提供数据处理和基于实体的安全能力。根据 Gartner 预计,2024 年至少 40%的企业将有明确的策略采用 SASE。SASE 模型及核心元素如图 1.10 所示。

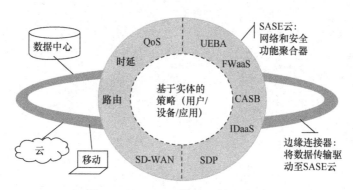

图 1.10　SASE 模型和核心元素

安全访问服务边缘相关技术与产品目前处于发展初期,思科、Cato Networks、Palo Alto Networks、Akamai、Fortinet、McAfee、Zscaler 等网络安全公司和网络服务商已率先进入领域布局。但就目前而言，安全访问服务边缘作为集诸多网络技术与安全能力于一体的新兴复杂模型，形成成熟落地的产品和解决方案仍有待时间锤炼。

第2章 我国发展现状

当前，我国网络安全态势仍然严峻，安全保障和治理能力不断创新完善。网络安全产业加速高质量发展，推动新兴安全技术研究创新，促进先进安全产品服务于行业落地生根，安全能力版图持续扩张，为数字化发展进程持续提供安全供给原动力，开启数字安全发展新阶段。

2.1 网络安全态势仍然严峻，安全治理能力不断完善

2.1.1 网络安全攻防形势依然不容乐观，融合领域风险持续加剧

一是公共互联网安全事件频发。根据工业和信息化部网络安全威胁和漏洞信息共享平台统计，2021年平台累计收录主机受控、DDoS攻击等网络安全事件83万余起。其中，DDoS攻击事件月均5.7万余起，累计DDoS攻击流量超过2000万GB；主机受控事件月均约七千起，月均环比增长30%，如图2.1所示[①]。此外，受新冠肺炎影响，2021年远程办公需求扩大APT攻击暴露面，"白象""海莲花""毒云藤"等境外APT组织综合利用社会热点和供应

---

① 数据来源：工业和信息化部网络安全威胁和漏洞信息共享平台。

链攻击等方式持续对我国重要行业实施网络攻击，如"海莲花"组织通过控制 VPN 服务器，将木马文件伪装成 VPN 客户端升级包并远程投递，对我国党政机关、科研院所等相关单位实施供应链攻击[23]。

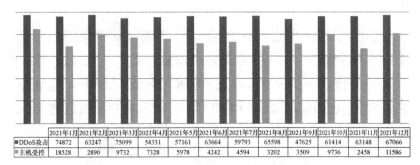

	2021年1月	2021年2月	2021年3月	2021年4月	2021年5月	2021年6月	2021年7月	2021年8月	2021年9月	2021年10月	2021年11月	2021年12月
DDoS攻击	74872	63247	75099	54331	57161	63664	59793	65598	47625	61414	63148	67066
主机受控	18528	2890	9732	7328	5978	4242	4594	3202	3509	9736	2458	11586

图 2.1　2021 年公共互联网安全事件情况

二是融合领域面临网络攻击风险加剧。近年来，网络空间与物理世界融合提速，网络安全风险加速向现实世界蔓延，工业互联网、车联网等融合领域面临网络攻击风险加剧。工业互联网方面，2021 年发现针对工业互联网的恶意网络行为 6400 万余次，较 2020 年同期增长约 160%，恶意软件感染、非法外联通信等恶意网络行为数量均超过1000 万次；车联网方面，2021 年发现针对车联网行业的恶意网络行为 350 万余次，较 2020 年同期超过一倍，漏洞利用、挖矿木马和暴力破解等恶意网络行为风险突出，如图 2.2 所示①。

---

① 数据来源：国家工业互联网安全态势感知与风险预警平台。

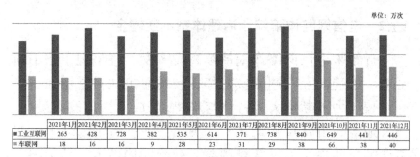

图 2.2　2021 年融合领域恶意网络行为情况

三是典型网络安全威胁形势严峻。 根据国家工业互联网安全态势感知与风险预警平台统计，2021 年挖矿木马、僵尸网络等典型网络安全威胁活跃。其中，挖矿木马方面，累计监测发现挖矿木马感染 924.7 万次，较 2020 年同期增长近 7 倍，主要涉及 CoinMiner、BitCoin、XMRig、CoinHive 等挖矿木马家族，其中最热门的挖矿币种是门罗币；僵尸网络方面，累计监测发现僵尸网络感染 1048.9 万次，感染次数月均增长约 40%，如图 2.3 所示①。

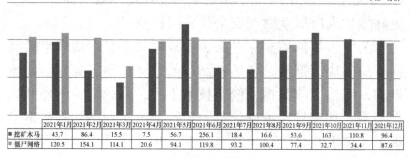

图 2.3　2021 年挖矿木马和僵尸网络感染数量变化趋势

---

① 数据来源：国家工业互联网安全态势感知与风险预警平台。

2.1.2　电信网络诈骗综合治理体系不断健全

近年来电信网络诈骗持续高发多发，且呈现手法不断翻新、快速向互联网领域转移、技术对抗性日益增强、境外诈骗压力不断增大等特点与趋势，已成为当前发案最高、损失最大、群众反响最强烈的突出犯罪。打击治理电信网络诈骗犯罪事关人民切身利益、社会大局稳定，乃至国家经济安全，习近平总书记多次做出重要指示批示。2021 年 4 月，习近平总书记对打击治理电信网络诈骗犯罪工作做出重要指示强调，要坚持以人民为中心，统筹发展和安全，强化系统观念、法治思维，注重源头治理、综合治理，坚持齐抓共管、群防群治，全面落实打防管控各项措施和金融、通信、互联网等行业监管主体责任，加强法律制度建设，加强社会宣传教育防范，推进国际执法合作，坚决遏制此类犯罪多发高发态势，为建设更高水平的平安中国、法治中国作出新的更大的贡献[24]。李克强总理做出批示指出，依法打击电信网络诈骗犯罪的成效要继续巩固并深化，更好维护人民群众财产安全与合法权益[25]。

为深入贯彻落实党中央、国务院关于打击治理电信网络诈骗的决策部署，各地各部门始终坚持顶层谋划，高位推动，完善工作举措，健全技术手段，强化行业治理和重点整治，扎实稳步推进信息通信行业电信网络诈骗防范治理工作迈上新台阶。2021 年 5 月份以来，全国电信网络诈骗犯罪发案连续 6 个月实现同比下降。

一是系统性综合治理体系日益健全。 2021 年 10 月，第十三届全国人大常委会第三十一次会议对《中华人民共和国反电信网络诈骗法(草案)》(以下简称"草案")进行了审议[26]，该草案标志着我国反电信网络诈骗工作进入新的阶段[27]，它主要涵盖反电信网络诈骗工作的基础原则，电话卡、物联网卡、金融账户、互联网账号有关基础管理制度，对涉诈相关非法服务、设备、产业的治理提出了新的要求，为反电信网络诈骗犯罪提供全方位的法律支撑。同年6月，最高人民法院、最高人民检察院、公安部联合发布《关于办理电信网络诈骗等刑事案件适用法律若干问题的意见(二)》[28]，进一步明确法律标准，依法严厉惩治、有效打击电信网络诈骗及其关联犯罪。2020年底，最高人民法院、最高人民检察院、公安部、工业和信息化部、中国人民银行联合发布《关于依法严厉打击惩戒治理非法买卖电话卡银行卡违法犯罪活动的通告》，指出公安机关、人民检察院、人民法院将以"零容忍"的态度严厉打击非法买卖电话卡、银行卡违法犯罪活动，斩断非法买卖"两卡"黑灰产业链条；电信行业监管部门和人民银行将依法加强行业监管，电信企业、银行业金融机构、非银行支付机构要按照"谁开卡、谁负责"的原则，落实主体责任，强化风险防控[29]。2021年6月，工业和信息化部、公安部联合发布《关于依法清理整治涉诈电话卡、物联网卡以及关联互联网账号的通告》，明确指出凡是实施非法办理、出租、出售、购买和囤积电话卡、物联网卡以及关联互联网账号的相关人员，自本通告发布之日起，要停止相关行为，并于2021年6月底前主动注销相关电话卡、物联网卡以及关联互联网账号[30]。

二是打防结合的全国一体化技防体系初步构建。工业和信息化部于2021年5月启动建设信息通信行业反诈大平台，充分利用信息通信行业网络、数据和技术优势，统筹调度全行业反诈技术资源，全面提升部省两级反诈平台能力，强化重点业务技术监管能力建设，目前，平台已基本建成并初步发挥作用[31]。7月14日，创新建成12381涉诈预警劝阻短信系统，基于公安机关提供的涉案号码，利用大数据、人工智能等技术自动分析发现潜在受害用户，首次实现了对潜在涉诈受害用户进行短信实时预警[32]，最大限度为群众避免损失，截至12月底，已发送预警短信/闪信1832万条。9月15日，首次打通三家基础电信企业与39家移动通信转售企业系统孤岛，创新推出全国移动电话卡"一证通查"服务系统，查询量已达2645万人次，累计销户10265万张，有效解决了群众不知情办卡问题，为群众维护自身利益提供有效途径。

三是源头治理技术难题逐一攻克。针对电话卡、调制解调器集群设备(猫池)、虚拟拨号集群设备(GoIP)被频繁用于实施诈骗等治理难题，自2021年5月起，工业和信息化部升级启动"断卡行动2.0"，指导电信企业建立了高风险电话卡"二次实人认证"制度，对公安机关通报的涉案电话卡、高风险电话卡以及关联互联网账号进行了系统清理整治，截至2021年12月，累计处置涉诈高风险电话卡8082万张，从源头上切断了电信网络诈骗通信渠道，有力打击了各类违规办卡、养卡囤号行为[33]。随后启动了涉诈"猫池"、GOIP、多宝卡等插卡集群设备专项清理整治工作，成立"打猫行动"专项工作组，组建了16支专业"打猫队"，建立模型研判和评价体系，截至2021年12月，累计协助公安机关打击"猫池"窝点2161个，缴获"涉猫"设备6664

个，缴获号卡 35.78 万张，基本形成线索共享、协同发现、联动打击的长效工作机制，斩断涉诈插卡集群设备生产、销售和使用链条，有力遏制了新型电信网络诈骗犯罪案件高发态势，竭力守护人民群众经济财产不受危害。

2.1.3 创新技术服务民生的现代化安全治理手段

一是通信大数据助力抗击疫情。在手机已几乎全民普及的情况下，通信大数据具有全面、实时、客观、连续等特点，能够真实反映活动行程及时空关系，辅以关联分析和深度挖掘，可在全国范围内快速、全面、客观刻画人员接触和流动情况，基于通信大数据特点优势，结合疫情防控需求，通信大数据可支撑包括态势研判、风险识别、流调溯源、"大数据行程卡"、风险预警等五项工作，为支撑党中央、国务院做好态势研判，支持各地联防联控机制实施跨区域协查和精准防控，全力推进复工复产、复商复学发挥了独一无二的重要作用。

通信大数据能够实现全国、全网、境内外统筹协同联动分析计算，对全国人员流动情况进行监测，是我国成为全球唯一可以坚守疫情动态清零政策且可保持正常生产生活的国家的关键原因。据了解，我国是全球唯一一个全面利用通信大数据开展疫情防控的国家，取得了卓越成果，树立了全球抗疫标杆，为世界提供了中国方案。

二是通信大数据服务应急通信。利用通信大数据平台数据覆盖范围广、实时性高、计算能力强等优势，可实时挖掘获取指定区域用户的手机号码，实现高级别应急信息的精准靶向发送。根据国家预警信息发布中心推送的灾害预警信息和预警范围，通信大数据可实时分析预警目标用户信息，并向目标用户精准发送预警短信，最大限度降低人民群众生命财产损失。通过持续建设多级联动监测平台，制定气象灾害应急信息精准靶向发送试点方案，将预警数据、通信数据融合应用，利用调度系统、短信平台，及时向指定区域发送应急信息。

2.2 数字化转型持续加快，安全能力在实践中创新升级

2.2.1 5G 安全能力加快行业应用安全防护体系形成

作为 5G 全球首批商用且发展最快的国家之一，我国在技术标准、网络建设、应用创新、产业发展等方面取得了世界领先的发展成就。目前，我国正处于 5G 应用规模化发展的关键时期[4]，技术、产业、应用、安全等方面工作均已迈入"无人区"，没有成熟的工作经验可以借鉴。2021年，我国相继出台 5G 网络建设与应用安全指引性文件、《5G 应用"扬帆"行动计划(2021～2023 年)》，明确指出要加快构建与 5G 应用发展相适应的安全保障体系。在全行业的共同努力下，国内 5G 安全相关工作稳步推进，安全保障措施持续完善。

一是 5G 安全技术、产品与服务成熟度不断提升，5G安全供给支撑体系日渐丰富。一方面，国内产业界逐渐凝聚共识，从解决行业痛点问题出发，聚焦切片安全隔离和防护、边缘计算安全、云基础设施安全等 5G 安全关键问题，在探索、实践和经验总结中推动内生安全、零信任安

全、动态隔离等安全核心技术攻关和创新成果转化，5G 安全技术、产品与服务逐步落地应用，可提供多层次的隔离能力，实现多元化的边缘计算安全、多级数据安全及隐私保护[4]；另一方面，网络侧和行业侧加强创新协同，5G 网络安全能力进一步服务化、开放化。网络侧通过提供服务化、原子化、标准化、产业化的安全能力，可以实现安全资源的灵活调度、动态扩展及按需快速交付，新型 5G 安全供给支撑体系已初步建立。如图 2.4 所示，获得第四届"绽放杯"5G 应用征集大赛 5G 应用安全专题赛一等奖的"5G 服务化安全能力护航制造业数字化转型"项目，根据制造业典型安全诉求、业务场景及合规要求，建立了面向电力、港口、交通等多个垂直行业提供端到端服务化的安全原子化能力集合和 5G 安全服务能力目录，包括终端接入安全、数据链路安全、边界安全、MEC 安全、安全管理五大方面，共计 18 种 5G 安全服务能力、50 种目标产品或

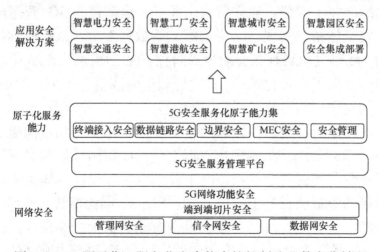

图 2.4　5G 原子化、服务化安全能力护航制造业数字化转型

服务类型，可有效满足垂直行业对业务安全部署的实际需求。该项目创新了安全服务和合作的新模式、新形态，进一步丰富了 5G 应用安全供给支撑体系。

二是 5G 行业应用安全解决方案多场景落地开花，端到端的 5G 应用安全防护体系已初步形成。全行业积极探索 5G 安全最佳解决方案及实践[4]，面向工业互联网、智能制造、智慧能源、智慧工厂、智慧园区、智慧矿山、智慧交通、智慧医疗、智慧城市等 5G 应用重点行业和热点领域，分场景、分业务形成了一批具备区域特色和行业特色、实施可行性高、复制性与推广性强的 5G 应用安全优秀案例。5G 行业应用端到端安全防护体系已初步形成[4]，为 5G 应用安全试点示范与规模化推广奠定了良好基础。其中，获得第四届"绽放杯"5G 应用征集大赛总决赛一等奖的"郑州格力 5G+智慧产业园安全应用项目"，如图 2.5 所示。该项目紧密围绕格力 5G 应用安全痛点及需求，充分发挥 5G 网络和技术优势，建立覆盖全环节、全流程的 5G+智慧园区安全体系，实现 5G 专网端到端数据安全、风险持续检测、威胁主动研判和智能全局防控，现已面向郑州 24 个产业园开展了规模化推广，有效带动了离散制造业企业的 5G 应用安全创新实践，树立了 5G 行业应用安全标杆。

三是跨行业、跨领域的 5G 安全保障生态初步构建。如图 2.6 所示，从第四届"绽放杯"5G 应用征集大赛应用安全专题赛的联合申报情况来看，2021 年以联合体为单位申报的参赛项目有 169 项，占比 52.3%，同比增长 259.6%。基础电信企业、垂直行业、设备企业、安全企业充分把握在 5G 网络建设与行业应用中的定位分工，逐渐加强 5G 安

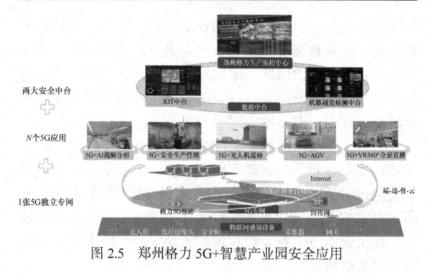

图 2.5 郑州格力 5G+智慧产业园安全应用

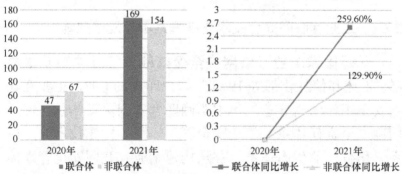

图 2.6 第四届"绽放杯"5G 应用征集大赛应用安全专题赛的联合申报情况

全技术合作和能力共享，5G 安全服务和合作模式不断创新，深度互联、协同合作、可持续发展的 5G 安全保障生态已初步构建。从落地部署的行业案例来看，垂直行业企业主要负责研提 5G 行业应用的业务场景及核心安全需求、提供行业应用安全解决方案试点试验的业务环境；基础电信企业主要负责 5G 网络建设和自身防护，配合垂直行业深入挖掘无线接口窃听、终端身份伪造、网络安全隔离机制失效、重要数据泄露等行业安全痛点、难点问题，从网络侧提供数据不出园区、端到端加密和完整性保护等定制的安全能力产品及服务；5G 设备企业主要负责在设备及产品研发过程中，严格落实网络安全有关标准和规范要求，充分保障设备及产品的安全性，为保障 5G 应用安全打好基础；安全企业主要负责开展零信任、动态隔离等 5G 安全关键技术研究、创新研发包括 5G 专网 UPF 集成安全产品、MEC 安全一体化服务平台等在内的通用安全产品及服务，提供面向 5G 行业应用的端到端安全解决方案，不断丰富安全供给支撑。

2.2.2　工业互联网安全技术支撑体系不断发展完善

一是国家工业互联网安全保障政策标准体系基本成熟。工业和信息化部等 10 部门联合印发的《加强工业互联网安全工作的指导意见》中明确四大安全保障体系，包括明确安全责任体系、健全安全管理体系、构建技术保障体系、培育产业生态体系，并从构建工业互联网安全管理体系、提升企业工业互联网安全防护水平、建设工业互联网安全技术手段等方向陆续在各部门、各地方稳步推进实施[4]，全国 31 个省份累计出台近 50 项属地工业互联网相关政策部署安全保障工作[34]。工业和信息化部制定并推进落地工业互联网企业网络安全分类分级管理体系，构建起"1(工业互联网企业网络安全分类分级管理指南)+4(防护规范)"分类分级制度基础，并在广东、江苏、山东等 15 个省市有序开展试点[4]，广东出台《广东省加强工业互联网安全和工业控制系统信息安全工作实施方案(2021～2023 年)》, 新疆出台《关于推进工业互联网企业网络安全分类分级管理的意见》等, 细化实化分类分级专门工作要求, 规划推进分类分级任务落地。安徽、重庆、山东、江苏、上海等试点省份纷纷出台相关政策文件, 将分类分级管理纳入地方重点工作实施推进。在标准规范方面, 发布工业互联网安全标准体系(如图 2.7 所示), 细化 16 个领域、76 个标准方向, 实现工业互联网关键要素及应用安全、安全评估、能力评价等标准研制应用。目前已在 ITU、ISO 等国际标准化组织立项《工业互联网平台安全参考模型》《低时延高可靠场景下的云平台安全要求》等 6 项国际标准, 在设备、控制、网络、平台、工业 APP 等方面形成 30 余项急需安全标准, 围绕钢铁、建材等行业以及安全上云、5G+工业互联网安全

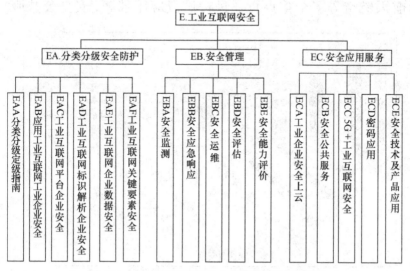

图 2.7　工业互联网安全标准体系框架图

等典型场景，聚焦平台、标识、设备等关键要素，启动《轻工行业工业互联网企业网络安全分类分级防护要求》《面向钢铁生产的 5G+工业互联网应用安全技术要求》等 33 项标准研制，推动行业领域安全防护先行先用。

二是工业互联网安全关键技术产品和服务平台多点突破。随着工业互联网创新发展工程的深入开展，安全方向项目共 80 余项推动实施带动产业链上下游协作企业千余家开展攻关工作(如图 2.8 所示)，拟态防御、内生安全、数据流动监测等多项核心关键技术加快突破，并在工业互联网、车联网、5G 等新兴领域安全技术加速应用，工业互联网时序安全网关、拟态边缘网关、移动边缘计算网络防护、智能设备安全网关、工业无线入侵安全防御系统等 20 余类关键工具和防护产品研制成功，并在车联网、机械制造、航天航空等多个重点行业进行试点应用部署，安全公共服

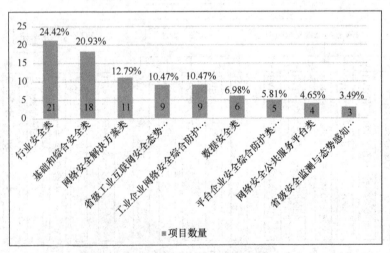

图 2.8　工业互联网安全项目类型分布图

务能力显著提升。目前已在多个地区、行业形成了面向车联网、电子信息、智慧能源、数据可信交换共享等多个工业互联网典型场景的 20 余个公共服务平台，提供综合服务、测试验证、安全众测等安全服务，为数千家大中小企业提供万余次安全服务，产业供给及有效支撑能力大幅提升。

三是工业互联网安全解决方案示范引领效应不断显现。随着国家持续开展网络安全技术应用试点示范工作，重点遴选工业互联网安全项目，快速培育了一批面向能源、交通、水利等重点行业，以及智慧矿井、自动驾驶、智慧电网等典型场景的安全解决方案，并在 500 余家企业中开展安全解决方案应用推广，安全技术成果的市场推广、行业转化和企业应用进一步加速[34]。同时充分发挥产业联盟、行业协会等资源汇聚、供需对接桥梁纽带作用，发布工业互联网安全框架、年度安全态势报告、安全实践案例集等系列白皮书及研究报告，共同研制联盟标准及实施指南，多方面推进优秀解决方案有效落地。

四是人才培育新模式不断涌现，人才供给能力逐渐形成。国家层面，人力资源和社会保障部已将工业互联网安全人才纳入智能制造工程技术人员新工种目录，工业互联网安全人才培养课程、人才教育基金建设逐步拓展[34]。行业层面，工业互联网产业联盟通过开展工业互联网安全工程师、评估师职业技能培训与认证等方式，结合工业互联网安全技术技能大赛和实战演练等手段，积极探索人才培育新模式。一方面，通过持续开展安全评测评估机构和人员审核认定，在电力、航空、水利等行业已累计发展 55 家评测机构、1000 余名安全评估人才和近 100 名安全工程师，高水平工程师和高技能人才队伍不断壮大[34]。另一方面，通过工业互联网安全大赛等相关领域赛事，通过比赛内容、比赛形式贴近工业互联网典型场景选拔、培训一批优秀实战人才，相关赛事已累计吸引数万余名选手参赛，全国技术能手、全国青年岗位能手等一批优秀实战人才脱颖而出，上海、湖南、江苏等地纷纷举办基于工业典型生产场景的网络安全实战演练，切实提升广大安全从业人员实战技能。

2.2.3 车联网安全技术能力手段建设逐渐加快

一是车联网产业快速发展，市场需求不断增长，用户规模和行业渗透率直线上升。已成为推动制造业高质量发展、加速经济转型、构建新发展格局的重要动力，呈现蓬勃发展的良好态势。一方面，根据国家发展和改革委员会国际合作司统计分析，2020年，我国约650万辆的联网车辆在途行驶，预计到2025年，我国联网汽车数量将达到2800万辆；另一方面，亿欧智库前瞻产业研究院发布的《中国车联网行业市场前瞻与投资战略规划分析报告》显示，2020年，中国市场搭载车联网功能的新车渗透率为48.8%，超过全球车联网行业渗透率45%，预计到2025年我国车联网行业渗透率有望超过75%，积极趋势明显，具体如图2.9所示。

二是汽车智能化、网联化水平不断提高，车联网安全形势愈发复杂。车联网逐步迈进"软件定义时代"，智能网联汽车已超越了传统汽车产业范畴，与人工智能、信息通信、大数据等新技术和新型产业跨界相连，催生出了高度融合的车联网技术[35]。车联网涵盖了传统车辆生产制造、芯片、软件、传感器、联网通信等方面，产业形态高速变化，技术开放复杂，相对传统互联网，对技术本身和跨界整合集成等要求更高，相应的网络安全也逐渐由原来单一的物理安全和功能安全问题，逐步转入物理安全、功能安全与网络安全相互交织融合，通信劫持、漏洞利用、平台攻击等针对车联网的攻击手段也越发呈现出多样化、高风险发展态势，安全问题极为复杂，安全防护难度急剧加大。

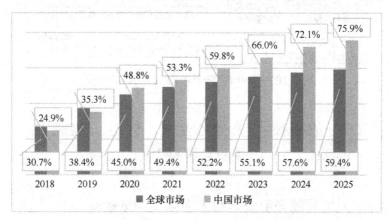

图 2.9　全球与中国智能网联汽车渗透率情况对比

三是相关部门聚焦汽车网联化和智能化，对车联网网络安全和数据安全提出新要求。近年来，国家发展和改革委员会、国家互联网信息办公室、工业和信息化部、交通运输部等国家机关，从网络安全和数据安全基本要求、加强智能网联汽车安全防护、加强车联网网络安全防护、加强车联网服务平台安全防护、加强数据安全保护、健全安全标准体系等方面对构建车联网安全保障体系提出了明确要求，如图 2.10 所示。

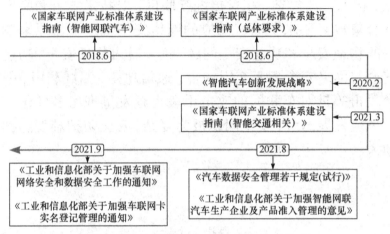

图 2.10 车联网安全政策文件发布情况

2.3 数字技术规模化应用，促进安全能力同步发展演进

2.3.1 人工智能牵引安全技术发展与制度建构

一是我国人工智能泛在应用驱动风险跨界关联性显著增强。当前，我国 AI 创新发展水平不断提高，AI 计算能力发展领军全球，AI 算力支出占全球 AI 算力支出近 60%[①]，首次超越美国位列第一，同时，我国 AI 技术专利申请量位

---

① 数据来源：IDC、浪潮信息、清华大学全球产业研究院，《2021～2022全球计算力指数评估报告》，2022.03.17。

居全球第一，是第二名美国的 8.2 倍①。我国人工智能正加速步入全行业全场景深度融合应用的快车道，在深刻改变人类社会生产生活的同时，因其技术缺陷或恶意应用导致的"自动驾驶交通事故""大数据杀熟""深度伪造""人脸泄露"等安全问题日益突出。2021 年 3 月，央视 3·15 晚会曝光了科勒卫浴、宝马等商店安装人脸识别摄像头搜集海量人脸信息事件，导致上亿用户隐私被泄露。2021 年 8 月，蔚来 ES8 汽车启用自动驾驶功能(NOP 领航状态)后，由于系统中环境感知算法存在缺陷，未及时发现前方施工车辆，发生公共交通安全事故，车主不幸遇难。2021 年 9 月，360 AI 安全实验室的 AIFater 针对机器学习框架做系统化、自动化的安全性评测，累计发现谷歌 TensorFlow 框架漏洞近百个，其中官方确认的严重、高危漏洞达 20 余个，直接影响基于 TensorFlow 框架研发的各类人工智能系统安全。

　　二是国内基于人工智能技术的网络安全产品崭露头角。人工智能机器学习模型可以根据大数据不断完善恶意软件数据库，并自主学习各种恶意代码攻击模式，让众多安全软件在检测恶意代码和漏洞时更加具有针对性，其安全防御能力有显著提升。在恶意代码检测方面，启明星辰研发出了多种基于机器学习的恶意代码分析检测系统，可以直接从样本或者数据库中自动提取有关特征并进行分析和检测，并可随着样本和数据集的不断更新实现算法自动

---

　　① 数据来源：清华-中国工程院知识智能联合研究中心、清华大学人工智能研究院知识智能研究中心、中国人工智能学会，《中国人工智能发展报告 2020》，2021.04.12。

迭代升级；亚信安全提出一种基于层次化的机器学习引擎的恶意代码检测方案，通过机器学习技术关联威胁信息和深入分析文件，提取文件的常用特征来检测新出现的未知安全风险。在安全防护方面，神州泰岳安全公司发布智能大数据分析及态势感知平台(Ultra-Secsight)，对多种异构的安全数据信息进行汇总融合，利用数据挖掘和智能分析等算法技术，构建信息安全大数据态势感知能力。

三是我国面向人工智能安全框架的技术研究方兴未艾。相较于国外，我国人工智能安全体系架构研究走在国际前列。2020 年，方滨兴院士团队提出了包含人工智能助力安全、人工智能内生安全、人工智能衍生安全三个方面的人工智能安全体系架构[36]，如图 2.11 所示。

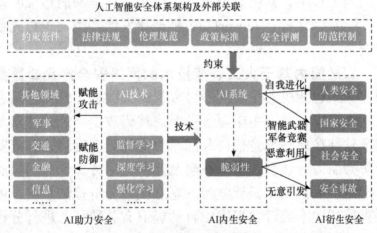

图 2.11　人工智能安全体系架构

在人工智能安全体系架构基础上增加了人工智能系统与外部法律法规、伦理规范等要素的关联关系。2020 年，何积丰院士从人工智能技术安全问题的视角，划分了数据安全、算法安全两大类别，并针对相关问题提出了七个方面的人工智能安全对策。同年，中国信息通信研究院联合浙江大学、瑞莱、百度、360、中科院信工所共同发布了基于分类分级的人工智能安全框架[37]，以主要解决人工智能基础设施和人工智能系统设计研发相关内生安全风险出发，依据在决策和控制方面的自主程度以及受人类干预监督程度及可能造成的危害程度，对人工智能系统进行分类分级，并提出了涵盖安全目标、安全能力、安全技术和安全管理四个维度的人工智能安全框架，基于自顶向下、层层递进的方式指导企业构建人工智能安全防护体系，如图 2.12 所示。2021 年，陈杰院士团队结合多无人系统协同的通信交互、合作博弈、群体智能演化等特点，围绕多无人系统本身的内生安全和多无人系统对外界的衍生安全两大模块构建了多无人系统协同中的人工智能安全框架[38]。

四是以防范算法风险为核心的人工智能安全治理规则初具雏形。 2021 年 9 月，我国国家互联网信息办公室、中央宣传部、教育部、科学技术部、工业和信息化部、公安部、文化和旅游部、国家市场监督管理总局、国家广播电视总局等九部委制定发布《关于加强互联网信息服务算法综合治理的指导意见》[39]，明确提出"坚持风险防控，推进算法分级分类安全管理，有效识别高风险类算法，实施精准治理"的基本原则[40]，并要求使用算法的企业建立算法安全责任制度和科技伦理审查制度，健全安全管理组织机构。同年 8 月，我国国家互联网信息办公室发布了《互联网信息服务算法推荐管理规定(征求意见稿)》，要求算法

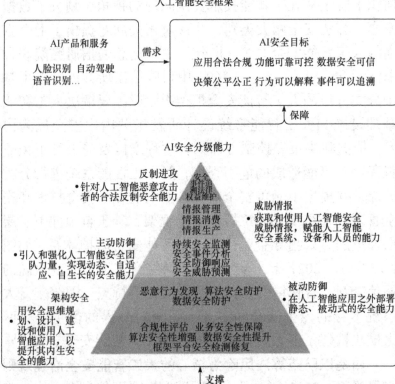

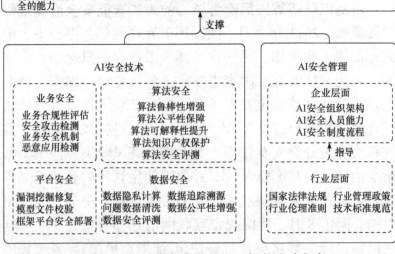

图 2.12　基于分类分级的人工智能安全框架

推荐服务提供者应当落实算法安全主体责任[41],建立健全用户注册、信息发布审核、算法机制机理审核、安全评估监测、安全事件应急处置、数据安全保护和个人信息保护等管理制度[42],制定并公开算法推荐相关服务规则,配备与算法推荐服务规模相适应的专业人员和技术支撑[43]。

2.3.2　数字孪生创新应用与安全能力建设同步加快

一是数字孪生应用驱动安全研究不断加速。随着数字中国建设步伐不断加快、数字经济飞速发展,持续推动数字技术融合应用,为行业领域提供数字化、网络化、智能化能力,数字孪生作为实现网络空间与物理世界的融合交互的桥梁,在智能制造、智慧城市等方面已逐步实践应用,我国研究机构探索开展数字孪生应用领域安全研究。2020年 11 月,中国电子技术标准化研究院提出数字孪生使原本相对封闭的网络系统变得开放,面临着两方面安全风险。一方面,传统控制设备、系统等存在未知的安全漏洞,联网环境下缺乏安全措施,易遭受网络攻击引发安全问题影响生产运行和稳定。另一方面,数字孪生产生管理数据、操作数据等巨量级数据,其传输与存储过程涉及不同设备、不同流程和环节,外部第三方服务、异构平台的接入使网络安全风险面不断扩大。2021 年 12 月,中国信息通信研究院发布数字孪生城市方面研究成果,将系统安全、伦理安全、孪生防伪、数据安全等安全标准纳入数字孪生城市标准体系,如图 2.13 所示,旨在加快制定安全规范和标准以应对数字孪生城市建设过程中安全问题和痛点,保障数字孪生应用价值安全释放。

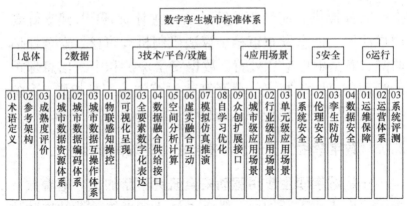

图 2.13　数字孪生城市标准体系

二是数字孪生安全解决方案和实践指南逐步推出。当前，我国各行业领域数字化转型不断加快，数字孪生应用安全需求不断增加，推动一体化数字孪生安全解决方案的研发和落地。数字孪生平台在提供可视化、规范化、全生命周期的数字孪生服务的同时，构建纵深防御能力，实现安全威胁事前识别防御、事中处置响应、事后恢复复盘。例如，中船第九设计研究院在造船起重机数字孪生解决方案中以 SaaS 模式构建安全监测系统来确保安全运行、增强安全性能。部分水务、电厂、智慧城市等领域的数字孪生解决方案，通过基础安全防护、安全认证、安全策略管理等提高系统、设备的安全性、可靠性及稳定性。在安全实践指南方面，中国电子技术标准化研究院提出需以隐私保护、权限管理、数据可信交换等技术保障企业数字孪生安全需求，如安全域划分和定级、基于实体限制 IP 和端口、应用同态加密、非对称加密技术等。

三是数字孪生与网络安全融合应用探索步伐加快。我

国数字孪生技术的应用和发展，带动网络安全融合创新，
自 2020 年，中国信息通信研究已开展网络安全孪生试验场
的构建，通过网络基础设施仿真模拟、先进攻防技术试验
环境、网络空间攻防渗透手段等基础能力建设，如图 2.14
所示，已初步具备我国网络空间基础设施仿真模拟、先进
网络安全能力试验验证、网络安全攻防演练和人才实训等
能力。

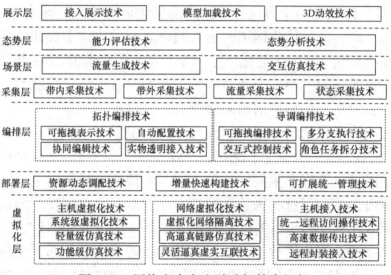

图 2.14 网络安全孪生试验场技术框架

2021 年 2 月，工业互联网产业联盟提出利用数字孪生
提高工业互联网安全的思路，以数字孪生实现生产、控制
等设备的虚拟化，构建业务仿真模拟环境，通过孪生体攻
击模拟、验证、测试等手段，对工业互联网安全性进行评
估和规划，结合攻击欺骗等安全技术形成态势感知、主动
防御等安全能力。

2.3.3　6G 网络的安全愿景、场景和关键技术形成初步共识

移动通信网络是数字化发展重要的基础设施，保障移动通信网络对于社会治理至关重要。移动通信网从 4G 演进到 5G，从高速率大带宽场景维度扩展到二维平面，即同时支持泛在物联网设备大连接、自动驾驶高可靠、远程控制低时延等多类场景，将移动通信网络与行业应用紧密关联起来。而 6G 将进一步实现"面"到"体"的演进，这个"体"体现在两个方面，一方面是在空间维度，6G 融合空、天、地、海一体化网络，通过网络之间的协作形成通信连接泛在化、服务无缝化。另一方面是在逻辑维度，6G 网络将集成感知、通信、智能等特征，网络具备自适应能力，能够根据网络环境的动态变化自适应优化、调整、适配，形成体系化的闭环操作，人为干预趋于零。

6G 将具备智能、泛在、开放、可信等特征，实现全场景连接、数字孪生网络、分布式与本地化、智慧内生、安全内生。为促进我国移动通信产业发展和科技创新，推动第六代移动通信(6G)技术研发工作[44]，2019 年 11 月 3 日，科技部会同发展改革委、教育部、工业和信息化部、中科院、自然科学基金委于 2019 年成立国家 6G 技术研发推进工作组，在我国 6G 重点研发项目中布局 6G 内生安全架构与关键技术，并在抗量子计算安全、区块链安全、隐私计算、人工智能安全等多项基础前沿领域进行投入，为保障 6G 网络安全提供技术基础。

1. 主动免疫、弹性共治、虚拟共生、泛在协同的 6G 安全愿景

2021 年 9 月，IMT-2030(6G)推进组发布《6G 网络安全愿景技术研究报告》[45]，定义了主动免疫、弹性共治、虚拟共生、泛在协同四个方面的 6G 安全愿景。其中，主动免疫指 6G 网络基础设施、软件等资产能够根据外部网络环境的安全态势，自适应调整安全策略，实现对未知威胁的主动防御；弹性共治指 6G 泛在网络的安全能力具备内生弹性可动态伸缩的特点，安全能力以资源池的形式实现按需定制、动态部署和弹性伸缩；虚拟共生指 6G 网络以数字孪生网络的形态实现物理世界安全和虚拟世界安全的共生和进化，促进网络空间安全的统一；泛在协同指 6G 端、边、网、云各类智能主体之间通过交互协同，通过智能共识实现安全机制自主化决策和主动纵深防御。目前，3GPP 也启动面向 B5G 智能、弹性网络架构的研究，一方面，3GPP 在 5G 网络中引入网络数据分析功能(NWDAF)网元，支持基于 AI/Ml 的服务化架构网络数据分析能力，使得 5G 网络整体具备数据采集、数据分析、AI 智能决策的能力；另一方面，3GPP SA3 启动面向 B5G 的 R18 课题研究，重点关注关键业务场景安全增强和空口用户隐私保护问题。

2. 6G 新场景发展的同时也面临着新的安全挑战

相比 5G，6G 网络场景呈现出更加立体、泛在和融合的特点。超高速、超高可靠、超低时延的能力促进沉浸式 XR、全息通信、智慧交互等应用能够实用于人民生活、社

会生产、公共服务等领域；数字孪生技术将物理世界与虚拟世界进行一体化结合，通过智能的网络大幅提升现实世界生产运行效率；感知通信一体化实现网络自主感知、自决策和自学习的闭环，网络响应进一步快速智能；空天地一体化使得网络接入和服务更加立体、泛在，不同异构网络通过融合协同真正将通信服务延伸至超广域。这些新的场景在承载全息通信、感知网络、工业 5.0 等新应用发展的同时，也面临着新的核心安全挑战和需求。

在超高速、超高可靠、超低时延场景下，如何优化现有的安全加密机制实现超高速率数据流的加密而不引起更大的性能损耗、如何设计高效率的终端认证机制实现超大规模的终端同时接入网络、如何设计轻量化的安全协议避免复杂的安全策略影响业务传输效率和时延，是其核心的安全挑战。在数字孪生场景下，物理网络与虚拟网络之间的控制数据交互频繁，任何错误的指令传输可能会破坏现实物理网络造成安全事件，如何保障虚拟网络中海量数据的安全性以及虚拟-现实网络交互接口的安全性是其面临的核心安全挑战。在感知通信一体化场景下，众多感知节点加入网络，如何对海量通信和感知节点进行分权限、分区域、分场景的认证鉴权，以及通过可靠性机制确保感知数据的准确完备，是其面临的核心安全挑战。在空天地一体化场景下，海量异构节点之间需要通过协作的方式实现网络连续覆盖和服务，如何利用分布式可信机制确保异构节点之间的形成全网络可信链，以及保障异构节点和网络安全能力均衡避免出现薄弱漏洞影响网络整体安全，是其面临的核心安全挑战。

3. AI、区块链、新密码算法等多种安全关键技术联合保障 6G 安全

为了解决上述场景和关键技术面临的安全风险,6G 需要引入增强的安全关键技术。一是 AI 技术。通过构建网络安全攻击行为和威胁情报学习模型,对网络、业务和用户多维度数据进行关联学习,掌握网络中存在的已知或未知的安全隐患,并通过智能化决策对安全能力进行弹性编排实现主动防御。二是区块链技术。通过去中心化的智能共识机制和信任模式,实现 6G 异构网络中的分布式节点可信,并通过链式的安全存储保护用户隐私安全。三是轻量级接入认证技术。通过优化终端接入协议和流程,实现泛终端精简化方式接入 6G 泛在网络,满足设备动态、快速接入、退出网络的高并发接入认证需求。四是增强的物理层安全技术。通过设计基于物理层信道时、空、频域特点的安全传输机制,利用智能超表面技术、物理层加密等机制,实现香农"一次一密"的信号传输保护。五是数据安全和隐私保护技术。利用分布式计算、联邦学习、同态加密等数据和隐私保护技术,对数据资产本身进行数据静态和动态全生命周期的安全防护,既能提供数据隐式传输安全,也能保障数据的可透明、可溯源。六是密码算法。研究量子加密、格密码等新型密码算法,在后量子时代提升密码算法抗量子攻击的能力。

2.4　数据安全治理体系初步建立，数据安全技术产品日趋成熟

2.4.1　重点领域数据安全风险显著增大

一是个人信息违规获取和非法售卖事件规模更大、影响更广。据 CNCERT 监测数据显示，2021 年累计监测发现 203 起个人信息非法售卖事件，占比较高的三个行业分别是：银行、证券、保险相关行业，占比约 40%；电子商务、社交平台相关行业，占比约 20%；高校、培训机构、考试机构相关行业，占比约 12%[46]。例如，2021 年 1 月镇江市警方侦破一起个人信息贩卖案件，涉及 10 多个省市共 6 亿余条个人信息；同月，国外安全研究团队发现超 2 亿国内个人信息在国外暗网论坛兜售，如图 2.15 所示，数据大多来自微博、QQ 等社交媒体，此外还涉及湖北省公安县大量公民的户口登记样本数据。

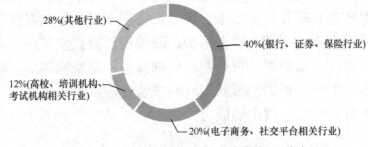

图 2.15　个人信息非法售卖事件行业分布

二是新兴领域数据安全风险不断涌现。如人工智能领域，人工智能技术对分散数据的关联分析和深度发掘可引

发侵犯用户隐私、危害国家数据安全等传统安全风险，同时由于其独特的数据处理方式，还有可能引发数据污染、数据投毒攻击等一系列新型数据安全问题[13]。又如 5G 领域，5G 网络是一个异构的场景极其复杂的网络，在终端设备、无线接入、移动边缘计算、网络切片、业务等各个环节都存在数据泄露风险，风险链条较长，难以排查和全面防范。再如虚拟货币领域，虚拟货币具有匿名性、难以追溯等特点，且近年虚拟货币价值大幅攀升，吸引越来越多的黑客展开攻击。2021 年 3 月，香港加密货币公司 Tether 遭受攻击，内部文件遭到泄露，对全球比特币生态造成严重威胁。

三是关键基础设施面临的数据安全威胁加大。具有政治背景的境外黑客逐渐加大对我国关键信息基础设施攻击力度，试图获取我国机密重要数据。例如，2020 年具有国家背景的印度黑客组织"白象"，以新冠疫情和全国两会新闻话题为诱饵，通过仿冒我国政府机构网站、伪造虚假政策文档等，蓄意对我国政府部门、医疗机构及其他关键信息基础设施开展网络攻击，窃取我国国情、社情、疫情等重要数据。

2.4.2 数据安全管理能力全面提升

一是出台重大立法开创新技术新应用数据安全管理新格局。在总体国家安全观的指引下，我国加速制定实施数据安全和个人信息保护顶层立法，现已形成《国家安全法》为统领，《网络安全法》《数据安全法》《个人信息保护法》为支撑，涵盖"网络""数据""个人信息"三大领域的有机法律体系，为加强新技术数据安全管理提供了上位法依据。《数据安全法》明确要求研究开发数据新技术，应当有利于促进经济社会发展，增进人民福祉，符合社会公德和伦理[47]。《个人信息保护法》要求利用个人信息进行自动化决策，要求保证决策的透明度和结果公平、公正，不得实行不合理的差别待遇。在顶层立法的牵引下，2021 年 12 月 31 日，国家互联网信息办公室、工业和信息化部、公安部、国家市场监管总局联合发布《互联网信息服务算法推荐管理规定》，全面搭建了算法综合治理机制，迈出我国新技术新应用立法的重要一步。

二是加大数据安全重点问题技术执法能力提升监管效能。网信、公安、工信等相关部门围绕隐私条款、APP 违法违规收集使用个人信息等重点领域持续开展专项治理，引入了技术检测环节，通过技术评估和考核，有效强化数据安全执法[4]。2021 年 5 月至 8 月，中央网信办、工业和信息化部、公安部、市场监管总局四部委联合，在全国范围组织开展摄像头偷窥黑产集中治理，针对摄像头生产企业、视频监控云平台、远程视频监控 APP 等主体开展数据安全专项检查，独自或委托第三方开展技术检测。工信部纵深推进 APP 侵害用户权益专项治理，建成了全国 APP 检测平台，具备每个月检测 18 万款 APP 检测能力，数据安全监督执法工作向深向实发展。

三是积极开展国际合作规范促进数字技术应用。我国高度重视并持续加强数据安全国际合作，倡议约束数据安全技术滥用，努力借助双多边协议与主要经贸伙伴国开展新技术合作。2020 年 9 月，我国发起了《全球数据安全倡议》，提出反对利用信息技术破坏他国关键基础设施或窃取重要数据、反对未经他国允许直接向企业或个人调取境外数据、反对企业在产品和服务中设置后门等一系列倡议，以确保信息技术产品和服务的供应链安全，保护数据安全，提升用户信心，促进全球数字经济发展。2021 年 4 月，中国与阿拉伯国家联盟共同发表了《中阿数据合作与安全倡议》，阿拉伯国家成为全球范围内首个与中国共同发表数据安全倡议的地区，进一步表明《全球数据安全倡议》得到了其他发展中国家的认同。2020 年 11 月，我国签署区域全面经济伙伴关系协定(RCEP)，协定规定 RCEP 成员方应承认电子签名的法律效力，认可电子认证技术，使得在线合同的签署、电子支付的授权、网络交易的达成得到协定的全面保护和认可，为在本地区电子商务和数字贸易的发展繁荣提供了重要保证[48]。2021 年 11 月，中国正式提出申请加入《数字经济伙伴关系协定》(DEPA)，希望与相关国家加强人工智能、金融科技等领域的合作。

2.4.3　数据安全技术体系不断健全

一是敏感数据识别技术向智能化发展，企业探索部署数据安全防泄露工具。敏感数据识别技术作为数据防泄露、数据分类分级保护和敏感数据加密等数据安全防护技术的基础，受到产业界高度重视。在传统的关键字识别基础上，相关企业通过引入规则匹配、自然语言处理等技术扩大识别范围，提高识别精度。同时，结合聚类分析等机器学习技术，通过大数据的累积训练提升敏感数据识别的智能化程度。在此基础上，国内各企业积极探索实践，针对数据的使用、存储、传输等数据泄露高风险阶段，以敏感数据识别技术为核心研发数据安全防泄露产品，通过部署在企业数据流动的关键节点，实现对数据泄露行为的泄露预警发现和拦截处置[49]。例如，我国数据安全厂商积极研发数据防泄露技术手段，在我国互联网企业中逐步推广应用。

二是建立覆盖数据全生命周期的防御体系已经成为数据安全首要防御方式。数据从采集、传输、存储到应用、共享直至销毁的全生命周期的各个环节均面临安全风险，数据安全防御体系必须贯穿全生命周期[50]。目前，数据加密、脱敏等静态技术相对成熟，相关产品已经应用于政府、金融、医疗、电力、信息通信等多个行业领域。数据水印、数据血缘、流量分析等动态的数据流向溯源技术虽有一定的研究积累和成果转化，但由于资源占用高，技术起步晚等因素，我国仅部分企业探索应用，具体到产业化实践，仍需要大量算法、数据源和应用场景支撑学习结果及产品优化，技术迭代尚未成熟，尚未形成大规模部署应用。

三是结构化数据库事前、事中、事后全流程安全保障技术体系成熟，非结构化数据库安全防护手段陆续探索。在结构化数据库安全方面，构建以事前评估加固、事中安全管控和事后分析追责三种方式为主的安全防护体系。其中，事前评估加固主要采用数据库漏洞扫描技术，事中安全管控主要采用数据库防火墙及数据加密、脱敏技术，事后分析追责主要采用数据库审计技术。在非结构化数据库安全防护方面，由于其数据类型的多样性，目前各企业陆续探索相关安全防护技术，主要从网络、存储、终端三方面部署数据防泄露、防病毒等相关产品，保障非结构化数据安全[49]。

2.4.4　隐私计算应用落地持续加速

一是多重部署加码，隐私计算护航数据要素价值释放。作为数字化转型的核心驱动力，数据要素的流通共享对于打造数字经济、加快数字社会建设步伐、提高数字政府建设水平以及营造良好数字生态具有重要意义。为加快推动数据要素市场化建设，增强我国在全球数字经济竞争格局中的影响力[51]，我国密集出台《中共中央　国务院关于新时代加快完善社会主义市场经济体制的意见》《中共中央　国务院关于构建更加完善的要素市场化配置体制机制的意见》《全国一体化大数据中心协同创新体系算力枢纽实施方案》等政策，持续释放的政策红利有效激活了数据流通共享的市场需求。

在日渐强化的政策引导、日渐趋严的合规监管和日益旺盛的市场需求等多重背景下，隐私计算技术从技术角度实现数据价值释放及数据安全和隐私保护平衡而备受关注。一方面以安全多方计算、联邦学习、机密计算、差分隐私、同态加密等为代表的隐私计算技术从技术角度实现了数据和数据价值的解耦，完成了数据流通向数据"价值"流通的升级，有效打破了既有的数据壁垒。另一方面助力数据"所有"与数据"使用"相分离，助力平衡数据主体权益和数据使用义务，实现数据价值释放与安全的"正和博弈"，弥合了数据使用信任鸿沟。

二是隐私计算技术路线初具共识，技术产品逐步孵化。从技术角度来说，立足国内实际数据融合应用需求，目前主流的隐私计算技术包含以安全多方计算、联邦学习以及可信执行环境为代表的三类隐私计算技术路线。安全多方计算作为密码学领域的重要分支之一，凭借其坚实的理论基础和证明安全性，获得了较强的安全性保障。但是由于其包含复杂的密码学操作，实现相关技术要付出一定的性能代价和开发成本。以可信执行环境为代表的隐私计算技术，通过在各参与方之间建立强信任关系实现数据的集中式运算，可执行复杂计算且执行效率高、网络延迟低，但难点是强信任关系建立在基于硬件的可信执行环境之上，且市场上较为成熟的厂商均为国外厂商，容易产生供应商锁定。以联邦学习为代表的隐私计算技术，核心是尽可能实现建模所需计算本地化完成，以提高建模效率，但仍存在通过中间数据泄露隐私等安全问题。

随着数据要素价值释放及数据流通共享应用需求的日益强烈，隐私计算已逐渐从概念验证阶段走向落地应用阶段。据调研，截至 2021 年上半年，国内约有 19%的隐私计算平台处于研发阶段，37%的隐私计算平台处于试点阶段，44%的隐私计算平台处于实施阶段，超过 81%的隐私计算平台已进入试点部署或实施阶段[52]。数字经济发展的浪潮推动算力网络快速发展，算网服务带来了对数据"可用不可见"需求及数据隐私泄露风险，隐私计算及其相关技术作为平衡数据利用和安全的重要方式，将为隐私计算市场带来一片蓝海。

三是各行业领域快速布局，产品项目加速落地。当前隐私计算应用在金融、医疗和政务领域进行了初步的探索。在金融领域，随着我国金融科技的快速发展，隐私计算技术助力金融数据跨领域融合应用创新提供了强大的发展机遇和动力。隐私计算主要应用在联合营销、联合风控、穿透式监管等场景。在联合风控方面，隐私计算通过整合外部数据，丰富数据维度，不断提升风控评估模型准确度。在联合营销方面，基于隐私计算技术联合多方机构数据，不断丰富用户画像，提升营销效果，助力金融机构服务质量提升。在穿透式监管方面，隐私计算助力克服由金融分业分段式监管模式所带来的非现场监管模式下获取信息失真的风险问题，提升金融监管的专业性、统一性，降低监管成本。在医疗领域，生物医学数据尤其是基因数据，包含了大量涉及国家安全、个人隐私的敏感数据，如果造成数据泄露将对国家安全、公共利益造成难以估量的损失，使得医疗数据的开放共享受到阻碍，基于数据规模化的价值释放遭遇瓶颈。当前，隐私计算技术已被应用于全基因组关联研究 GWAS 分析、"医疗诊断相关分组"付费等场景，对于促进医疗服务公开透明、提高医疗机构资源利用率，规范医疗服务行为、生物医学的科学进步提供重要技术保障。在政务领域，隐私计算助力实现政务机构间，及政务机构与社会机构的数据安全融合应用，进一步盘活政务数据资产，实现政务数据价值开放流通，提升数字政府建设水平，提高政务决策制定的科学性、专业性和时效性，助力政府精准施策。目前隐私计算技术已被应用于中小微企业融资需求对接、城市电动汽车负荷分析与预测等场景。

2.5　网络安全产业蓬勃发展，技术产品
创新加速落地

2.5.1　网络安全市场加快驶入机遇爆发期

产业规模方面，总体网络安全产业规模平稳增长。根据中国信息通信研究院的统计测算，2020 年我国网络安全产业规模达到 1729.3 亿元，较 2019 年增长 10.6%，预计 2021 年产业规模约为 2002.5 亿元，增速约为 15.8%[53]。2015～2021 年我国网络安全产业规模增长情况如图 2.16 所示。

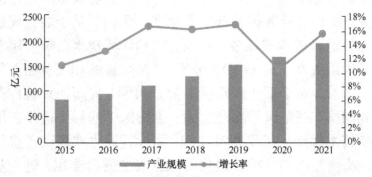

图 2.16　2015～2021 年我国网络安全产业规模增长情况

技术布局方面，各创新主体对新兴领域抱有极大热情，积极研发相关产品和服务，拥抱新应用新场景带来的产业发展新机遇。根据信息通信研究院报告显示，在大数据、云计算、物联网、工业互联网、移动互联网任一领域中，已进行网络安全产品和服务布局的被调研网络安全企业占比均超过 58%。市场主体现有产品和服务所覆盖的新兴领

域情况如图 2.17 所示。

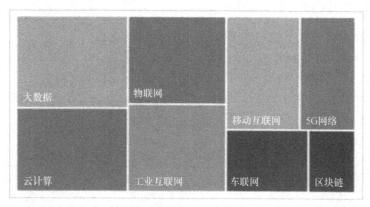

图 2.17　市场主体现有产品和服务所覆盖的新兴领域情况

　　随着我国新型基础设施建设的全面铺开，新技术新场景驱动的网络安全需求与日俱增[54]，各创新主体为抢占发展制高点，纷纷聚焦数字产业化和产业数字化发展需求，不断强化网络安全技术产品能力水平。从中国信息通信研究院 2021 年中国网络安全企业调研结果来看，主要网络安全企业未来三年的重点技术和产品布局存在一定共性因素。一是依据主体自身优势，深耕传统安全产品领域，不断推动网络安全技术产品能力升级。二是面向不同应用场景，积极开展针对新兴场景的安全能力适配，提高网络安全产品专业化水平。三是主动把握技术风向标，深度探索人工智能、大数据、区块链等新兴技术在网络安全领域的应用。四是积极拥抱云模式，提升安全技术产品云化能力，构建集约化安全服务平台。五是面向差异化、多元化网络安全创新发展路径，针对零信任、可信计算等前沿技术理念开展技术攻关，推动相关产品部署落地[55]。产业主体未来三年将重点研发的新技术、新产品方向如图 2.18 所示。

图 2.18 产业未来三年将重点研发的新技术/新产品方向

资本赋能方面，新要素新场景安全仍是被投资者重点关注的热门融资领域。2020 年我国网络安全领域融资保持较高热度。据不完全统计，2020 年我国网络安全领域的融资活动为 77 起，披露的融资总额约为 78.2 亿元[4]。目前我国网络安全融资活动主要集中于早中期阶段。其中，天使/Pre-A 轮融资案例数为 19 起，A/A+轮融资案例数为 16 起，B/B+轮融资案例数为 18 起，三者合计占融资案例总量的68.8%，对应的融资金额占比约为 44.1%[53]。

从融资的技术领域来看，数据安全、安全服务和工控安全是 2020 年较为热门的融资领域，对应的融资活动占比均超过 10%。2020 年大额融资案例数量上涨，超三成融资为亿元级别；其中，威胁检测与对抗、威胁情报、云安全、综合安全、工控安全、身份管理与访问控制领域均有超 3 亿元的大额融资出现，高技术能力企业的资本吸引力进一步显现。

并购方面，据不完全统计，2020 年有 4 起网络安全并购。从实施主体来看，一是互联网巨头为强化自身安全能力而进行的收购。例如，互联网企业为建设 IDaaS 平台，建立起统一的身份认证体系，实现 SaaS 厂商互联互通而发起的企业并购。二是国有资本实施的收购。例如，国企、央企收购网络安全领域民企，是实现强强联合共同推动网络安全产业做大做强的重要实践。三是网络安全企业主导的收购。例如，安全企业为扩大自身业务能力，通过并购构建全方位安全保障体系以实现安全版图升级。

2.5.2　可信计算加速构建主动免疫的防护体系

一是可信计算 3.0 开启主动免疫新时代。当前，可信计算技术已进入第三个发展阶段，可信计算 1.0 以主机可靠性为主要特征，通过容错算法、故障审查等对计算机部件进行冗余备份和故障切换。可信计算 2.0 以节点安全性为主要特征，通过计算机主程序调用外部挂接的可信平台模块芯片实现被动度量。可信计算 3.0 以系统免疫性为主要特征，将以系统节点为中心的网络动态链作为保护对象，构建"宿主+可信"的双节点可信免疫架构，实现网络信息系统主动免疫防护[56]，解决了大型资源多用户共享访问的安全可信问题，以自主创新的密码体系为基因，通过主动识别、主动度量、主动保密存储等技术手段，实现数据可信处理和服务资源可信，并可根据攻击源行为进行判断并防范，为数字化发展新时期未知漏洞、病毒攻击等新兴网络安全风险的解决应对提供新路径[57]。

二是可信计算技术标准体系加速完善。2021 年 6 月 23

日，中关村可信计算产业联盟(以下简称"联盟")召开《可信计算产品技术规范(送审稿)》团体标准专家评审会，加快推动可信计算技术产品安全要求和规范的制定。2021 年 8 月 25 日，联盟召开团体标准工程启动会，要求并指导联盟各专业委员会推进可信工控安全、金融可信安全、可信大数据、物联网、行业应用、外设、可信嵌入等方面的标准制定工作。2022 年 1 月 15 日，联盟召开《办公外设产品可信计算技术规范及测评方法》第二次评审会，基于国家相关标准及《可信计算产品技术规范》，对可信外设产品提出了规范要求及静/动态度量、可信控制、可信审计等测试方法，为办公外设类产品的可信计算功能设计、研发及检测提供指导。

三是可信计算技术应用落地前景广阔。我国法律和规章制度等为可信计算发展提供良好引领力，其中，《网络安全法》第十六条明确提出"推广安全可信的网络产品和服务"，《关键信息基础设施安全保护条例》第十九条提出"优先采购安全可信的网络产品和服务"。随着可信计算 3.0 技术的突破，可信计算与防护双重体系结构逐步完善，已形成涵盖可信 CPU、可信控制芯片、可信服务器和终端及可信外设等主动防护和服务的产业链。目前，我国产业数字化转型加快，物联网、工业互联网安全需求持续提升，为可信计算技术产品的部署应用提供良好发展空间。如电力控制系统作为关系到国家安全的重要领域之一，所面临的未知威胁呈现出持续性、针对性、组合性等特点，传统防火墙、反病毒、入侵检测等技术手段难以有效防范和应对网络内外部新兴风险，可信计算 3.0 解决方案在能源电力场景下的应用在防范系统业务程序恶意攻击、主动阻断恶意代码运行、保障网络系统安全运行等方面成效显著[58]。可信计算 3.0 的安全特性为关键信息基础设施及重要网络信息系统等提供了具有实效的安全供给，在数字政务、数字金融、数字交通、数字水利等新兴领域展现了很大的应用前景。

2.5.3 智能化安全能力提升安全保障效能

随着大数据、人工智能、虚拟化等信息技术的发展和应用，网络架构和防护环境发生了巨大的变化，与此同时，安全分析方法也产生了新的变革。一方面，随着数据中心云化、负载动态化、容器化及微服务架构的发展，资产节点不再受限于物理实体资产，虚拟机、容器等导致网络资产数量可激增至百万级，此外，物联网技术的发展也为不同类型、不同位置的终端设备实现万物互联提供了可能，防护节点数量与种类急剧增加，以及海量信息处理需求加剧，都为安全分析提出了新的要求。另一方面，当前零日漏洞频出，病毒、木马以及 APT 攻击等攻击手段也快速变化并演变升级，传统基于特征检测、关联分析来进行检测和告警生成的安全分析方法迭代和升级困难，难以应对变化频繁的攻击环境。在这样的背景下，安全产业发展出了具有大数据处理能力和人工智能分析能力的安全技术，助力提高安全数据处理能力、安全分析精度、追踪溯源能力、安全取证能力等。其中，用户实体行为分析(User and Entity Behavior Analytics，UEBA)技术已在数据泄露、内部威胁、账号失陷、主机失陷等典型场景中得到有效验证，网络流量分析(Network Traffic Analysis，NTA)也在异常流量检测、流量协议识别、流量文件还原、加密流量检测等方面被广泛应用。

1. 用户实体行为分析

2014 年 Gartner 在安全领域提出用户行为分析(User Behavior Analytics，UBA)概念，将原来电商网站用于用户分析的技术应用于安全行为分析中，并于 2015 年引入"实体"概念，将用户行为分析正式更名为用户实体行为分析(UEBA)。用户实体行为分析技术面向多源多维的全时空信息和数据，将简单统计、模式匹配、签名规则匹配等基础分析方法和机器学习驱动的高级分析方法相结合，通过与预先构建的用户和实体的行为基线进行对比分析，来评估用户和实体行为是否有异常，进而检测内部威胁、恶意行为和攻击者，实现高级威胁、恶意软件和勒索软件的检测能力。根据 Gartner 预测，到 2022 年 UEBA 技术将会集成在 80%的威胁检测和安全事件响应方案中。

从产品落地上看，当前安全市场上使用用户实体行为分析技术的产品通常具有独立产品和安全增值两种落地方式。目前多数提供用户实体行为分析能力的厂商均能以独立产品的方式交付 UEBA 能力，但是独立的用户实体行为分析产品具有一定的局限性。例如，多数产品仅对被保护系统中的日志和告警等结果数据进行分析，数据源广度和深度上的欠缺导致其在分析准度和精度上存在不足。作为其他产品的安全能力增值是目前用户实体行为分析技术最广泛使用和落地的方式，该技术带来的关联分析、内部威胁发现、用户/实体刻画等能力均能为现有的安全分析体系提供强有力的支撑,当前业界主要将其与 SIEM/SOC 和数据安全相关产品进行融合和集成。一方面,UEBA 能够帮助 SIEM/SOC 系统提升关联分析性能。传统 SIEM/SOC 系统主要以告警、流量、资产等视角,基于关联规则通过人工和自动结合的方式进行安全运维,因此缺乏全局联动的、面向上下文的安全事件深度挖掘能力。在融入 UEBA 技术后,能够提供以用户/实体为视角的行为建模、异常分析、关联告警、威胁调查等功能,提升传统 SIEM/SOC 系统的综合安全分析能力。例如,可通过在传统 SIEM/SOC 中加入 UEBA 技术,从网络活动、风险分布、外联行为、通联关系、活动区域、常用资源等多个维度进行深度分析,实现行为分析、风险评估、威胁分析等。另一方面,UEBA 能够为数据安全类产品提供更精细化的风险评估。基于 UEBA 提供的用户/实体行为画像及其异常行为分析能力,数据安全类产品能够在数据治理、数据防护等多个环节增加以人和行为为基础的动态防护策略,细化数据安全防护策略粒度,提高异常检测精度和检出率。例如,可利用 UEBA 得出的风险值作为 DLP 告警的参考,结合内容检测等多项评估结果做出安全决策。目前,我国部分安全厂商已具备较为成熟的 UEBA 产品和能力。

2. 网络流量分析技术

网络流量分析技术于 2013 年首次被提出,并在 2016 年逐渐兴起,是一种组合使用基于规则的分析、机器学习和高级分析等方法,对网络流量进行分析以发现异常行为的安全分析技术。随着技术逐步成熟，除了异常行为检测能力之外，网络流量分析技术和产品也开始支持流量协议识别、流量文件还原、加密流量检测等功能。当前，我国政府和监管部门、金融、互联网、医疗、物联网这五个细分行业相关产品市场应用份额已达到 81.3%[59]。据 Gartner 评估，加密流量已超过互联网总流量的 80%，网络流量分析技术也开始支持对 SSL/TLS 加密流量的异常检测。

目前我国部分安全厂商已有成熟产品落地。在产品具体落地应用的过程中，网络流量分析技术各环节均对性能、精度、稳定性方面有较高的要求。其中，流量采集器需要对流量信息和数据进行预处理，将流量格式化和规范化地转发至流量存储器，部分流量采集器结合数据包分析、数据包统计、协议分析等能力实现相应功能，并且随着当前网络技术的发展，流量采集器除了支持传统网络外还需要提供云计算、5G 等新场景的流量采集能力。流量存储器则为网络流量分析技术提供了基础的支撑能力，流量存储器需在不同类型数据库中分类存储由流量采集器采集的多种、巨量信息(PCAP 原始数据、NetFlow 网络信息等)，还需要满足分析算法对原始数据、统计数据、元数据等的高效检索需求。当前业界通常基于 Hadoop 等大数据系统框架，以及 Elasticsearch、Clickhouse 等高性能检索技术构建存储器。例如，可采用大数据技术栈实现网络流量分析技术，保障大流量场景下计算、存储的可靠性及可扩展性，通过集成威胁情报，进行恶意 IP、域名、URL、文件等检测并输出情报信息。分析算法是决定网络流量分析产品安全效果的重要因素，除传统检测方法外，网络流量分析产品还运用机器学习算法对流量特征进行基线提取，并根据持续调整的基线实施异常行为分析，此类方法也被大量应用于加密流量的异常分析中。例如，可通过收集 SSL/TLS 流量的七层流量元数据，基于学习模式下建立的流量基线，开展实时流量监控和分析。此外，将网络流量分析技术与外部安全能力融合联动来强化该技术的检测能力已成为市场发展主流。例如，部分厂商通过将网络流量分析技术与威胁情报进行联动分析，来提供高级威胁检测能力并完善分析结果。还有部分厂商将 UEBA 技术与网络流量分析技术融合，从而同时对流量和对象进行画像刻画，加强面向行为模型的流量检测性能。在与其他产品融合方面，网络流量分析技术已被广泛融合于防火墙、入侵防御系统、SOC、APT 检测等需要网络流量分析能力的产品，提升其他产品流量分析效能。

2.5.4 细粒度的动态访问控制逐渐兴起

在云计算、微服务、容器化、5G 等新型技术架构为建设数字化和智能化的信息产业提供强有力保障的同时，基础设施、应用系统、信任体系等防御边界也在逐渐改变。一方面，在云计算、容器等虚拟化技术的应用和发展下，传统基于物理设备和物理区域的防御边界逐渐向虚拟化边界转移，东西向流量增大、业务间访问特征持续动态变化、内部区域可信度下降、网络访问控制技术向逻辑区域扩展等防护态势的变化，都要求安全防护手段从面向物理的粗粒度向面向逻辑的细粒度发展。另一方面，在动态化、逻辑化和模块化的新型信息技术体系下，容器等虚拟资源按需分配的特点带来了资产快速变动、生命周期短和关系复杂化等新特性，也给传统以固定策略为中心构建的静态防护方式带来挑战，亟须发展能够自适应动态调整、减少安全运维难度的安全保障技术。在上述安全挑战下，安全产业催生出了以软件定义边界(SDP)和微隔离(Microsegmentation)为代表的动态边界防护技术。其中，软件定义边界主要提供南北向访问的逻辑隔离，并以此提供细粒度的服务访问控制；微隔离则以终端、服务和进程为单位，面向东西向访问提供节点、应用、负载级别的细粒度访问控制和网络可视化能力。

1. 软件定义边界

软件定义边界最早由云安全联盟在 2013 年提出，是一种实践零信任理念的技术架构与方案。区别于传统 TCP/IP 网络的连接方式，软件定义边界使用身份、上下文等因素来制定复杂的安全访问策略，在没有使用可信安全代理对身份进行验证和授权之前，服务器对于终端用户是完全不可见的。这种通过构建软件定义的逻辑访问边界来形成细粒度访问控制体系的方式，主要用于隐藏内部应用、网络和基础设施，防止大规模暴露于互联网，进而缩小攻击面。2019 年 Gartner 也对软件定义边界提出了相近的概念：零信任网络接入(Zero Trust Network Access，ZTNA)。根据国际研究机构 Transparency Market Research 预测，至 2025 年软件定义边界整体市场规模将以 30.9%的年均复合增长率增长至 122 亿美元[60]。

当前，软件定义边界技术已从概念阶段逐步进入应用落地阶段，大量厂商已经进入软件定义边界市场，相继推出软件定义边界产品。其中，初创型安全厂商主要通过自研产品方式加入软件定义边界市场。软件定义边界作为一种新兴技术，给初创安全厂商带来了很大的市场和机会，大部分初创厂商通过对软件定义边界技术的深入理解，以自研的方式形成产品和解决方案。综合型安全厂商则主要基于自有核心技术构建软件定义边界防护体系。国内综合型安全厂商往往具有较多的核心技术和核心产品，在国内软件定义边界市场没有完全打开的业态下，通常基于自有核心技术通过自研和整合的方式建设软件定义边界解决方案，衡量该类产品的因素之一是技术完成度，此外还有整合性和业务贴合性等。

2. 微隔离

微隔离是一种能够基于身份、在安全策略驱动下实现网络隔离的技术，通常用于对数据中心、云计算基础设施和容器等环境中的负载、应用和进程提供访问控制，实现东西向的网络安全防护。在微隔离发展过程中，产生了不同的命名，如零信任网络分段、软件定义分段、逻辑分段、基于身份的分段等，从命名上也能看出微隔离技术是零信任架构的组成部分之一，并且逐渐向面向身份的访问控制发展。当前微隔离技术已相对成熟，云厂商、安全厂商均布局该技术方向，开发相关产品并应用落地。

云服务供应商在提供微隔离能力时通常使用云平台底层基础设施能力，与云平台本身进行紧耦合方式联动，因此在性能、整合性上具有天然优势，并且能够与云平台的更新保持一致，不容易出现更新后不适配的问题。由于与云平台紧耦合，云服务供应商提供的微隔离功能通常无法支持多云场景。例如，多数公有云平台提供的微隔离能力主要提供对于应用、标签、区域的统一访问控制策略管理，在可视化、微隔离策略生成等方面有所欠缺。

安全厂商提供的微隔离产品大多基于主机代理实现微隔离的访问控制能力，配合控制和策略中心构建微隔离产品架构，并提供自动策略生成、网络可视化、动态威胁发现等能力。基于代理的方式能够适应安全策略自动跟随迁移的能力，通过代理和身份认证服务提供基于身份的细粒度网络访问控制功能。通过统一的控制和策略中心能够管理位于多云环境的各代理节点，形成跨云的微隔离体系。由于基于代理的方式依赖和消耗代理宿主机性能，所以资源利用率和网络处理性能是评估产品的关键指标。另外，代理部署的灵活性和管理的难易度也是用户考虑是否采纳相关方案和产品的决策因素。例如，我国部分安全厂商可面向用户业务构建安全策略模型，基于策略引擎自动计算和调整安全策略，能够提供混合云、容器等场景下的网络隔离能力。

第3章 未来展望

未来，我国数字化红利加速释放，将进入机遇爆发期，带动网络安全产业高质量发展，促进数字安全技术创新应用，数字场景安全能力持续落地，推动实现安全创造价值、平衡价值的转变，逐步构筑我国数字安全领域新能力、新优势。

3.1 网络安全产业高质量发展为技术手段创新提供原动力

一是"十四五"等政策规划将为网络安全产业"织就"发展新图景。近年来，我国充分发挥立法的引领和推动作用，逐步完善网络安全顶层设计。在政策推动下，我国各领域网络安全需求逐步释放，网络安全投入占信息化投入比重从 2015 年的 1.28%提升到 2020 年的 2.7%。在"十四五"的开局之年，数据安全、个人信息保护、关基保护、密码等持续成为立法焦点，我国发布的《中华人民共和国国民经济和社会发展第十四个五年规划和 2035 年远景目标纲要》也从数字经济、数字生态、国家安全、能源资源安全等多个领域，提出了网络安全新发展的重点思路和重点工作，为网络安全产业健康发展提出了政策保障和创新思路。随着政策红利不断释放，我国各重点领域安全保障要求将逐步提升，不断激发的网络安全市场活力，将为网络安全产业提供更充沛的动能和广阔的增长空间。

二是网络技术和攻防态势将推动产业供给水平持续提升。在信息通信技术"数字产业化"和垂直行业应用"产业数字化"的双线驱动下，网络架构和应用场景都将发生巨大变化，为了应对新的安全威胁，网络安全技术将持续演进，不断完善产品体系。一方面，当前网络安全能力仍难以满足5G、车联网、物联网、工业互联网等领域的行业化需求，市场迫切需要做出差异化的改变。随着基础电信企业、设备制造商、自动化集成和应用服务提供商及安全企业等不断加强联合攻关，以应用场景为导向，以供给侧为着力点，能够实现业务适配的专业化网络安全技术、产品、解决方案将逐步成熟[4]。另一方面，在新威胁、新需求的牵引下，网络安全基础能力、前沿技术、服务模式等安全手段不断更新升级，智能联动、云化、集成化和实战化等将成为未来主要发力点，逐步强化从底层防护引擎、威胁检测、安全探针、硬件可信根等基础安全能力到上层场景运营、自动运维、安全服务等全面整体的网络安全防护体系。

三是网络安全良性生态将逐步形成。当前我国网络安全产业生态建设还处于初级阶段，面临着网络安全技术自主创新不足、技术体系尚未健全，产业各方主体及要素还存在能力不足、合作动力不强等多种问题。迫切需要不断提升协同合作与创新攻关水平，强化企业、人才等产业要素能力，构建安全可控、更具竞争力的网络安全产业生态。在产业协作方面，随着创新联合体相关政策落实发力，特色产业集群不断壮大，产融合作机制不断完善，能够充分调动产学研用资各方力量的多方参与、优势互补、融合发展的产业生态体系将逐步建成，以促进多领域协同创新攻关，提高网络安全技术自主可控水平。在主体能力方面，随着网络安全产业促进政策不断落实，产业生态体系也将得到优化完善，良性的市场环境将为企业发展提供基石，促进形成能够引领网络安全产业生态的龙头企业和"专精特新"独角兽企业，推动网络安全关键技术产品不断发展，持续健全完善网络安全技术体系。此外，自网络空间安全成为一级学科后，我国已有 200 余所大学建设了网络安全专业和学院，进一步填补了网络安全领域人才缺口。当前已初步形成覆盖高等院校、职业院校、企业与社会机构、人才培养基地、公共服务平台等的多层次网络安全人才培养体系，未来将针对不同类型、层次和岗位，逐步完善形成更精细化的创新型、技能型和实战型网络安全人才培养机制，培养更适应市场需求的专业人才[4]，为持续加强网络安全技术研究创新、实现网络安全自主可控、促进网络安全产业高质量发展提供原动力。

3.2 网络安全技术价值从保障向赋能转变

数字时代，网络安全在于风险消减与赋能增值双轮驱动。在网络系统的缺陷管控与纵深防御中，如何应对海量存量威胁治理及其有效防护不足、网络安全边界的削弱，如何构建威胁画像、威胁情报运营机制及安全知识体系；在运行任务的威胁管控与时机防御中，如何应对动态环境下"未知的未知"攻击，如何构建威胁感知的时机防御形态，如何打造计算和防护融合新模式、形成运行和防御并行双结构，新形势下网络安全问题驱动网络安全能力手段向构建全知预控的安全资产探测、识别和画像技术体系转变；打造内生构造、零信任等内外一体安全架构；打破安全互操作藩篱，形成智能协同的安全供给；安全孪生、自立自强，淬炼'先行一步'的主动对抗实力。

一是全知预控的安全技术发展助力踏实安全防御第一步。 数字时代，产业数字化带来联网汽车、数控机床、智能门锁等不同领域的海量数字产品接入，容器、微服务架构等技术的成熟应用为企业提供更加灵活的数字化转型路径，带来便捷高效的服务的同时，使安全对象不再局限于服务器、交换机、电脑等传统设备，朝着离用户"更近"和"更远"的两头延伸覆盖。数字场景下，动辄数千上万量级的设备泛在联网，部分设备资产绕过传统 IT 安全层直接连到互联网，暴露在攻击者面前，使攻击者只需"知其一二"，发现一个或多个脆弱点作为突破口即可向更深更广的范围渗透，而防御者则须知其全貌，以达到全面管控，加剧了攻防不对称性；针对融合领域网络环境的资产监控和管理需要兼容物联网设备资产专有协议和设备行为，否则可见性有限，应对内外部资产进行全面实时的安全监测和防护。安全资产测绘技术涉及规则匹配、拓扑分析、漏洞检测、大数据、安全态势分析、地图应用等众多领域，通过探测采集网络目标设备、协议、应用等资产信息，进行资产脆弱性、安全状况等安全分析，呈现可视化网络资产状态、安全态势等为威胁感知、快速预警和综合防御提供重要支撑。

二是内外一体的安全技术打破传统安全防御的边界依赖。数字产业化推动 5G、工业互联网等数字技术的深化应用，驱动云边协同、云网融合、算网融合等网络架构创新升级，亟须推动传统基于边界的"外挂式"安全防护向"内外一体"的防御思路转变，进一步强化内生安全架构规划、构建及应用，实现从源头应对数字安全威胁。当前，数字化快速发展催生新业态、新模式，用户群体、设备类型、业务模式以及技术平台多元化、多样化发展，开放化、协同化功能服务导致互联互通增加，安全边界构建难度越来越大。高级可持续威胁攻击(APT)利用与时俱进的攻击手段、未被发现的系统漏洞等突破安全界限，非授权访问造成的信息泄露、内部人员有意无意引发的数据泄露等，使网络位置已不是安全与否的可靠保障基础。5G、人工智能等数字技术融合应用使技术间依赖性加深，也使各自缺陷隐藏在应用过程中不同环节，常规的安全检测难以发现，直至未来产生结果或引发安全事件后才得以发现，使系统漏洞更具隐蔽性、复杂性。此外，系统的脆弱性是永恒的，不同类型的软硬件设备都会存在未被发现的安全漏洞以及已发现但仍未修补的漏洞，需发展零信任、拟态防御、可信计算等典型的内生安全技术，从源头应对已知、未知的安全风险。零信任架构可以通过构建虚拟的、基于身份的逻辑边界，针对各种复杂网络环境和业务场景下的安全防护需求，实现多样化数字场景的动态访问控制。在面对未知漏洞后门、病毒木马等不确定威胁时，拟态防御技术可以动态地、伪随机地改变防御策略和配置，构建一种动态异构、具有不确定性的体系架构，以此扰乱攻击链的构造和生效过程，使攻击成功的代价和难度倍增。可信计算能通过创建安全信任根，建立从硬件平台、操作系统到应用系统的信任链，实现信任的逐级扩展，从而构建一个安全可信的计算环境。

　　三是安全技术协同化发展将实现能力按需供给。产业数字化融合应用加速衍生多元化数字场景、催生差异化安全需求，安全技术手段需加强配合协作，整合安全监测、防护、检测、响应、恢复等能力，为数字业务、场景提供全链条、全周期的安全保障新能力。当前，垂直行业作为数字化转型和数字业务发展的主体，带来的新兴数字场景逐渐成为数字时代安全舞台上的主角，分化的、跨领域属性明显的安全需求不断衍生。例如，智慧城市的广域覆盖场景下，需打造全局性安全能力联动机制；车联网的高速移动场景下，需应对时空属性敏感的威胁监测处置以及技术伦理问题；智能制造、智慧工厂等场景下，需解决传统设备联网后带来安全能力高低不一、安全需求千人千面等安全问题。一方面，数字场景下以往单一"允许/阻断"安全门式防护策略逐渐向基于"风险/信任"的自适应安全架构发展，持续威胁评估框架以"对风险和信任持续评估"为核心思路，通过从攻击防护的角度，判定网络安全风险，包括判定攻击、漏洞、违规、异常等风险评估，从访问防护的角度，进行基于实体的访问控制，包括授权、认证、访问等信任评估，持续性进行风险和信任研判，融合安全防护、黑/白名单、威胁情报、资产分析及行为分析等多维安全元素，开展自适应的综合研判、动态赋权，能实现"预测-阻止-检测-响应"全周期安全防护安全能力协同，覆盖自动化数字业务链条，以满足业务场景深度融合需求。另一方面，安全技术与人工智能等新兴数字技术融合应用加速安全能力智能化、协同化发展。安全编排自动化与响应技术融通人工智能实现人机协同，通过智能分析不同的场景需求提供脚本，将孤立的设备及零散的安全能力进行智能编排联动，形成智能研判分析、决策响应、事件告警等能力，满足场景化安全需求，提高安全威胁响应效率、提升风险智能治理能力水平。

四是虚实结合的安全孪生技术淬炼主动防御能力。数字场景中网络空间与物理空间深度融合，安全问题"牵一发而动全身"。为应对推陈出新的数字威胁和未知风险，需前瞻性构建主动防御能力，推动规模化网络高仿真复现、资源自动化配置与释放、用户及攻击行为复制等关键技术攻关，通过虚实结合的安全孪生技术，在新技术新场景大范围应用部署前以实战演练淬炼安全应对"先行一步"的能力，以动态的对抗实践推动数字安全能力长期迭代演进。随着安全孪生技术成熟应用，将根据不同数字场景、数字业务安全特点和需求实现安全孪生，通过虚拟化等技术模拟主机、网络拓扑、网络路由策略等，构建虚拟环境与真实设备相结合仿真试验环境，对安全产品、服务或解决方案等实际安全能力进行部署，模拟真实业务流量、用户行为和攻击行为，开展威胁监测和态势分析、评估攻防能力及影响，验证安全能力的同时发现潜在风险点，提升 APT 等新型网络攻击的识别发现、预警响应水平，"以攻促防"助力构建主动防御能力。

3.3　数字场景安全能力步入成熟落地发展期

3.3.1　5G安全关键技术和融合应用方案加快落地应用

一是5G行业应用安全测评能力持续完善，5G应用安全风险评估纳入常态化安全管理机制。一方面，产业界深入开展覆盖"端-边-网-云"一体化、全流程的5G安全检测评估及测试验证工作，为5G融合应用安全建设提供明确的技术指引。另一方面，5G应用安全风险评估将逐渐纳入5G应用全生命周期安全管理机制，5G应用安全技术和管理措施将与5G应用同步规划、同步建设、同步实施。

二是5G行业应用安全示范推广加速推进，垂直行业应用扬帆远航。跨部门、跨行业、跨领域在技术研究、标准制定等方面开展深入合作，建成一批5G行业应用安全创新示范中心或示范基地，标准化、模块化、可复制、易推广的5G应用安全解决方案加速研制[4]，5G网络安全关键技术创新研发及测试验证积极开展，最佳实践在工业、能源、交通、医疗等重点行业落地普及，技术领先、应用丰富的5G安全保障生态构建完成，5G行业应用安全保障水平全面提升。

三是各方加强关键技术创新，共同推动5G安全国际标准制定。国内产学研用各方加强力量汇聚，推动零信任、内生安全等5G安全关键技术研究创新及成果输出，通过技术硬实力在国际标准组织中着力推进标准制定，积极构建遵循客观技术事实的5G安全国际互信基础，推动各方共同营造开放、公正、透明的5G安全发展环境。

3.3.2 工业互联网安全技术保障和服务能力将持续提升

1. 工业互联网安全架构从边界安全向零信任安全方向发展

在工业领域，传统工业控制系统是一个封闭可信的环境，默认工厂网络边界内部是安全的，防火墙、杀毒软件、入侵检测系统、数据泄露防护系统等边界防护设备作用在物理边界上，根据在边界上的行为进行防护和监视。一方面，随着工业设备智能化、企业平台云端化等措施使工业领域网络安全风险的传导与延展进一步加速，使原有网络安全边界瓦解，传统网络边界安全防护手段失效，遭受网络攻击的范围由边界向核心不断扩大，基于边界安全的体系架构无法满足工业企业数字化升级之需。另一方面，零信任体系架构是一种端到端的网络安全体系，包含身份、凭据、访问管理、操作、终端、托管环境与关联基础设施，工业互联网安全架构将通过构建以身份为基石、以业务安全访问、持续信任评估和动态访问控制为主要关键能力的"云管边端"一体化零信任安全架构，通过引入零信任安全机制，可为工业互联网提供确定性的安全服务，保障生产系统安全运营的有序进行[6]。

2. 工业互联网安全技术持续向融通化和应用型的按需安全模式演进

当前，全球融合领域网络安全对抗不断升级，勒索软件攻击持续在工业领域发酵，并向 APT 化发展，传统、单点的防御技术或方案难以应对 APT 攻击以及新型高危漏洞等复杂安全威胁，传统 IT 安全技术向产业级安全应用平滑迁移，智能感知、主动防御等技术在融合领域应用中验证扩展，向全网协防转变[4]。一是工业互联网安全防护技术由"传统分析"向"智能感知"转变，传统分析是通过对海量工业数据采集，发现和分析安全威胁，将采用安全技术与大数据技术充分融合的智能感知，增强安全检测和分析能力。二是防护理念由被动防护向主动前瞻转变，随着工控系统逐渐开放，逐步引入安全设备，但攻击手段增多，被动防御有局限性，要在入侵行为对信息系统发生影响之前避免、降低或转移风险，实现一对多防御[6]。三是防护措施由"单点防御"正在走向"全网协防"，随着设备联网、上云数量增多，安全防护措施部署将融合"单点"智能监测设备告警，感知"全网"网络安全威胁状态。

3. 工业互联网安全服务由泛化通用向 OT 纵深发展

在技术创新等因素推动下，以 IT 视角为主的安全产品和服务难以满足工业领域的实际需求，安全产品及服务亟须突破瓶颈，向 OT 纵深发展，工业互联网安全将迎来产业新机遇和市场新动能[34]。一是适用于工业场景的安全产品将不断涌现。Gartner 统计，2018 年，10%以资产为中心的企业，采用将传统安全与专业 OT 安全技术混合部署模式来保护 OT 环境，该比例在 2022 年将达到 30%[61]。二是适应工业企业需求的安全服务迎来发展机遇，包括以实时升级为特征的工业安全服务将逐渐普及，分类分级安全评估、安全咨询等工业互联网安全服务将不断发展。三是安全企业与工业企业将联合创新、协同攻关，打造具备内嵌安全功能的设备产品[34]。根据工信部数据测算，我国工业互联网安全产业存量规模由 2017 年的 13.4 亿元增长至 2019 年的 27.2 亿元，年复合增长率高达 42.3%，并将持续增长，新产品、新模式、新业态催生工业互联网安全产业新机遇[62]。

3.3.3 车联网安全能力技术体系不断强化完善

车联网是全球汽车产业发展的战略方向，也是国际科技竞争的新焦点，其安全发展已成为各国高度关注和持续努力的重点目标。提升车联网安全发展水平，要遵循"一体两翼、双轮驱动"的发展模式，在加快推进产业发展的过程中，同步强化安全监管能力。目前，由于车联网安全问题逐渐呈现出交织融合态势，车联网产业数据多源冗杂，依靠单一部门或领域既有能力，难以全面支撑对安全风险的监测和管控。所以，我国将进一步完善车联网数字化安全监管能力体系，通过融合利用多源数据，从"基础安全、通信安全、数据安全、网络安全"等多个方面出发，加强安全监管能力建设，以此防范重大安全风险，增强产业安全韧性，打造自主发展优势，筑牢产业健康发展的基石。

一是多源数据融合利用更深入。近年来，汽车与信息通信、互联网、大数据、人工智能等技术跨界融合，不断实现车、路、人、云、网、端等智能信息交换、共享，数据类别从单一的车辆本体数据，逐步发展并覆盖了联网汽车、车联网卡、路侧设施、车联网服务平台、网络设施、地图等核心要素。融合利用多维度、全要素的数据资源，强化车联网数据信息一站式查询、研判分析和联动管理，为监管主体提供数据支撑，将成为全面保障车联网安全"事前、事中、事后"监管的基础条件。

二是基础安全管理能力更健全。国家高度重视车联网安全基础安全管理能力提升，中央网信办、工业和信息化部、市场监管总局等部门，先后制定出台汽车数据安全管理、智能网联汽车准入管理、车联网网络安全和数据安全管理、车联网卡实名登记管理等文件。相关文件的细化实施将稳步开展，相关安全管理技术能力也将加快推进建设，车联网"人、车、卡"数据无法关联、相关网络设施和系统资产不清、安全防护标准缺失等问题将得到有效解决。

三是通信安全监测保障更有力。随着汽车联网化程度的提升，通信大数据资源和技术应用的不断深入，针对联网汽车通信安全的精准监测也逐渐成为可能。一方面，可以通过对移动通信网信令、网络流量、上网日志等通信数据，以及车端 GPS 等车辆状态数据的融合分析，实现对联网汽车异常通信行为、行驶状态的监测；另一方面，可以通过推广应用车联网身份认证体系，实现跨设施、跨车型、跨企业的互联互认互通，保障车云、车车、车路等场景下的安全通信。

四是数据安全监管手段更完善。车联网数据主体、数据种类、数据传输规律、风险类别等有别于传统数据安全场景。目前车联网数据安全监管工作机制、车联网数据安全管理制度等正在逐步完善，用于指导企业落实数据安全主体责任、开展数据分类分级等工作的相关政策规范及标准也在加紧研制过程中。在制度和标准的引领下，数据安全监管手段将进一步完善。一方面，将在做好车联网数据分级分类管理的前提下，坚持分类指导和按需施策，规范数据处理，逐步形成车联网重要数据备案管理支撑技术手段；另一方面，将进一步强化车联网数据安全风险监测发现、追踪溯源的技术手段，确保数据处于有效保护和合法利用状态。

五是网络安全防范能力更有效。目前，加强车联网安全风险监测能力和漏洞挖掘能力，提升安全检测技术手段，建立车联网安全监测技术标准规范，已成为行业共识，网络安全防范能力将更加有效。一方面，将加强对承载车联网业务的网络设施、云平台、大数据中心等的安全防护管理，确保安全管理和防护常态化实施，安全工作关口前移，防患未然；另一方面，将覆盖联网汽车、通信网络、车联网服务平台等车联网关键对象，实现网络攻击威胁监测、漏洞风险隐患预警以及安全威胁处置、溯源取证，提升联网汽车网络攻击发现和安全防护能力。

3.4 紧跟数字技术发展前瞻性加速安全布局

3.4.1 人工智能安全体系持续深化完善

一是人工智能安全框架加速完善将成为有效防范风险的关键指引。人工智能安全框架是从人工智能安全保护需求出发，将人工智能安全技术体系和人工智能安全管理体系进行有机融合，构建的人工智能安全整体体系设计与规划。目前，全球人工智能产业界关注重心在人工智能技术研发应用和产品服务运营，相关人工智能安全架构框架研究成果较少，我国在人工智能安全体系架构方面已有一些研究成果[47]。后续，人工智能安全框架将进一步构建完善的人工智能安全技术和管理体系，并针对不同类别、不同级别人工智能系统推荐不同的安全措施。人工智能安全框架的提出可以为国家人工智能安全顶层设计提供参考建议，为人工智能安全技术发展提供需求牵引，为企业部署人工智能安全措施提供实施指引，对维护国家人工智能安全和网络安全具有重要意义。

二是人工智能安全技术将加速向商业产品和服务体系演化。自2014年谷歌研究人员首次证实深度神经网络面临对抗样本攻击威胁后，人工智能安全风险和防御关键技术日渐获得学术界和工业界关注。并且，围绕着人工智能算法安全、数据安全、平台(学习框架)、业务应用四个方面提出了诸多新的研究方向，例如，对抗样本攻击和防御、数据投毒攻击和防御、模型可解释、算法后门攻击和防御、联邦学习、差分隐私机器学习、深度伪造及检测、机器学习开源框架安全漏洞挖掘等。目前，上述人工智能安全技术多处于学术研究阶段，仅对抗样本攻击和防御技术、联邦学习、差分隐私机器学习和深度伪造检测等少量关键技术在人脸识别、金融信贷、电商广告等部分领域开展试点应用。尚未形成适用于各类人工智能应用的成熟安全产品和服务体系成为制约人工智能产业发展的重要瓶颈。未来随着智能经济加速发展，愈加迫切、大量和多样的人工智能安全需求，将加速推动人工智能安全技术从实验室研究走向规模化部署的商业产品和服务体系。

三是人工智能分类分级将成为全球人工智能治理的主要方式。平衡好人工智能发展和安全，优化人工智能安全资源的配置，实现最优的风险管理实践是人工智能安全治理的重要思路。欧盟《制定关于人工智能统一规则(人工智能法案)和修订特定欧盟法案的条例》、美国《2019 算法问责法案(草案)》、加拿大《自动化决策指令》、中国《关于加强互联网信息服务算法综合治理的指导意见》等世界主要国家的法律法规和政策文件均提出建立人工智能系统或算法分类分级管理方式的要求。然而，上述法律法规或仅提出分类分级管理要求，或采用列举典型人工智能系统的方式描述分级方式，缺少分级原则，没有可遵循的分级方法和流程，无法适用于快速涌现的新型人工智能应用。后续，世界主要国家将加速研究制定人工智能分类分级体系，明确分类分级原则以及便于实际操作的分类分级要素和方法。

3.4.2 数字化发展助推数字孪生安全研究和创新应用

"十四五"时期，数字孪生在我国逐步从国家到地方、从行业到领域、从探索到应用的变化，数字孪生加快了数字时代数字基础设施的构建，不断创新的技术和日益增加的场景加速带来了数字化发展的新安全风险，推动了数字孪生在标准体系、技术应用、人才发展方面的发展。

一是数字孪生安全标准体系将逐步构建完善。目前，全国信息技术标准化技术委员会(TC28)、全国通信标准化技术委员会(TC485)、全国智能建筑及居住区数字化标准化技术委员会(TC426)等标准组织已开始了数字孪生领域的标准化工作，加快了数字孪生相关标准的研究和制定，从标准规范层面加速助推数字孪生的落地发展。2021 年 9 月，中国信息通信研究院牵头成立数字孪生技术应用工作委员会，推动标准制定及技术应用。12月，提出数字孪生城市标准体系推进路线图，以筑牢基础、形成共识为近期目标，加快关键领域标准研究落地；以突破问题难点、兼顾运行与安全发展为中期目标，推动创新成果转化、规范技术应用、指引业界良性发展；以完备体系、持续迭代演进为远期目标，持续加强安全领域研究，形成成熟、完备的标准体系。

二是规模化发展加快了数字孪生安全建设步伐。国家"十四五"规划纲要中将"探索建设数字孪生城市"纳入智慧城市和数字乡村的发展规划，各部委和地方政府积极出台相关政策支持数字孪生的发展和应用。北京、上海、深圳、南京、郑州、徐州等地也在城市管理、工业制造、交通运行、能源管控、环保监测等领域探索数字孪生应用。数字孪生从面向政府发展为面向企业和个人，作为数字化转型的驱动正在释放巨大的价值和潜力。从技术上看，数字孪生驱动网络威胁向物理世界延伸，场景的多样化拓展导致安全影响波及面更大，带来了新的安全风险。加快数字孪生世界的技术创新和应用场景的安全体系建设将促进数字孪生与网络安全技术的融合应用，持续推进融合智能、协同主动的数字孪生安全产品和服务在数字政府、数字经济、数字社会"三位一体"的格局下创新发展。

三是数字孪生的安全体系更需加快相关人才积累。数字孪生集合了仿真建模、人工智能、物联网、虚拟现实等高新技术，技术融合应用程度深、范围广、复杂度高，带来技术自身内源威胁和应用引发的安全新风险。作为未来世界发展关键技术，全球各国争相布局卡位，美国、德国等国家凭借在工业领域的多年积累和先进实践经验等优势已在数字孪生占据先导权,而国内更多行业大部分还采用的是非国产化非自主的软硬件设施和技术体系。在数字孪生新领域,我国尚未掌握核心技术,在培育国产化自主产品、创新产业生态系统等仍有不足,且面临标准不完善、技术不统一、接口不规范、数据采集难、应用效果差等问题,给我国数字孪生技术发展和创新应用过程带来了新的问题和安全隐患。因此,培养跨学科、跨领域的复合型、实战型数字孪生人才,推进数字孪生安全自主研发和自主创新是建设发展未来世界的基础。

3.4.3 新架构和机制将助力实现 6G 安全愿景

目前学术界和产业界纷纷加快对 6G 各类场景中的安全威胁和解决思路进行研究,试图能对 6G 网络的安全问题达成共识。然而,6G 安全是一个复杂的综合体,一方面,大量的安全需求实际来自于 6G 网络的应用场景和网络特点,以目前业界普遍对 6G 应用场景覆盖的愿景来看,6G 网络的安全更是一个复杂的综合体,传统注重单点防护、边界隔离、统一认证的安全思路几乎难以在一个包含感知、通信、存储、计算等多维功能的泛在异构网络中继续沿用,需要设计一个满足主动免疫、弹性共治、虚拟共生、泛在协同愿景的新型安全架构[63]。另一方面,6G 本身技术的安全风险问题仍没有得到有效的认识和解决。奥卢大学的研究学者对 6G 关键技术的安全威胁进行了梳理,其中人工智能、分布式账本、量子通信、太赫兹等关键技术本体具有其内生的安全问题需要解决[64],在这之前也很难有效地应用于关键场景中。总体来说，下一阶段对于 6G 网络的安全问题更多地将在整体网络的安全架构和机制设计中，并将在以下几个方面得到更多关注。

一是泛异构网络下的动态高可信网络架构。组成 6G 网络的将是多个异构网络，形成不同的网络域。一方面，可信是跨多层的。可信可以分为设备可信、网络可信、服务可信等多个层面，6G 网络的可信需要实现跨多层的融合可信，节点在加入网络时，需要通过可信架构和模型中的代理对节点的设备软硬件、网络通信过程、业务应用等进行信任验证。另一方面，可信是动态的。在信任模型方面，学术界提出了一种通过信任度度量的方式解决信任机制[63]，泛异构节点内生信任度量机制，节点在与其他节点的交互过程中，记录相关的节点行为，建立自身的信任度量矩阵对其他节点进行信任值度量并动态更新，在后续交互过程中依据信任情况进行权限控制，比如是否允许节点访问某资源等。

在可信技术层面，区块链已被认为是 6G 提升多方信任的关键技术之一。维持信任关系的主要难题在于信任凭证的跨域传递和多方信任凭证管理，传统基于对称密钥的凭证管理难以解决凭证分发的安全性问题，而且中心化管理体系存在性能瓶颈。区块链以去中心化信任、对等网络等特征，通过节点集体共识机制建立网络异构节点之间的信任关系，而且其分布式的身份匿名机制又能有效保护节点的身份安全，使得链式的信任关系更加安全可靠。

二是后量子时代的网络空间安全架构。5G 网络通过引入 TLS、对称和非对称密钥体系等安全机制保障网络传输安全。在 6G 后量子时代，量子计算可能会成熟商用，根据 Grover 算法，密钥的位数翻番后足以应对当前的量子计算密钥破解，然而，根据 Shor 算法，量子计算机能通过多项式时间解决当前对称密钥算法采用的整数分解和离散对数问题，届时能设计更安全的密码算法体系。目前已经有学者提出量子安全的 PKI 机制，例如 McEliece[1]和基于格密码的 NTRU 算法[2]，然而，相比传统基于椭圆曲线的密码算法，这些算法面临着运行效率较低、密钥长度较大的问题。目前 NIST 正在对后量子加密算法进行选择，为了满足 6G 安全愿景和场景，需要设计和研究更有效的对称、非对称密码算法和机制。

此外，6G 网络将基于软件化的方式提供网络服务，安全架构的设计需要充分考虑软件架构的安全，包括南北向接口、东西向容器之间、云平台内部等需要通过安全的认证和传输，确保软件环境下的安全性。安全设备和能力也将以软件化的方式在网络中进行调度、编排，形成软件定义的安全架构，能够以安全功能实例的方式嵌套在各功能节点的生命周期中，形成信任、监测、预警、防御等一体化自适应安全流程。

三是数据和隐私保护机制的内生安全架构。在数据和隐私保护中最关键的一个问题，就是如何处理数据使得攻击者无法从有限的知识结构中识别和恢复出用户的隐私信

① 数据来源：Mceliece R J . A public-key cryptosystem based on algebraic coding theory. Deep Space Network Progress Report, 1978.

② 数据来源：Hostein J, Pipher J, Silverman J H. NTRU: a ring-based public key cryptosystem//Algorithmic Number Theory, Berlin: Springer, 1998: 267-288.

息(如标识、位置、内容等)。在 6G 时代，用户连接到泛异构网络中使用网络服务，会在网络中留存有时域、空域等大规模反映用户特征的数据，将面临多维海量隐私数据可被识别的门限问题，即数据暴露到何种门限值，即能分析出用户的隐私特征。*Nature Communications* 论文提出在严重不完全数据集中准确估计特定用户特征似然概率的方法[65]，在数据集中个人信息足够多的情况下，存在以无限趋近于概率 1 的可能识别出用户。随着用户信息在各个异构网络中、各类应用中暴露，需要研究通过分布式、匿名化的隐私保护技术对多维海量隐私信息进行保护。差分隐私技术通过引入人工随机噪声，基于统计学分析的方式防范信息被干预破坏，而联邦学习通过分布式的机器学习将代码运算靠近数据，实现在不交换数据的情况下的协作计算，防范数据转移过程中的隐私泄露风险。

3.5 数字化机遇推动数据安全技术发展驶入快车道

3.5.1 数据安全基线要求保障数据要素价值释放

一是数据安全保护技术要求进一步细化。随着我国数据安全和个人信息保护规范体系框架基本形成，数据分类分级、数据安全评估等制度将进一步细化，配套的数据安全规范和标准体系也将进一步完善。未来，我国将出台细则落实数据安全审查、数据安全监测、数据交易等制度，进一步细化数据分类分级、重要数据目录、数据风险评估、数据出境等重点工作的相关规范要求，进一步明确国家核心数据、重要数据保护手段。

二是新技术新应用数据安全管理持续加强。为实现新技术新应用的安全可信和技术创新之间的有效平衡，各国政府纷纷出台管理规范加强人工智能、云计算、大数据等领域的政策引领。在《数据安全法》《个人信息保护法》等国家数据安全顶层立法的牵引下，我国将逐步细化云计算、大数据、人工智能管理要求，划定数据安全保护基线，助力高度依赖数据的新兴技术产业步入发展快车道。

三是数据安全风险监测能力逐步提升。《数据安全法》构建了以风险预防、控制和消除为核心的数据管理体系，对数据安全风险信息的获取、分析、研判、预警工作提出新要求。随着《数据安全法》管理要求的全面落实，企业将加强对数据泄露、违规传输、流量异常等安全风险进行监测预警，行业、领域数据安全风险监测预警能力将进一步提升，国家集中统一、高效权威的数据安全风险监测机制将逐步完善。

3.5.2 数据安全技术创新将迎来重大发展机遇

一是数据安全服务和市场规模持续扩容。随着我国政企数字化转型步伐加速、数据安全产品需求进一步凸显，市场规模将呈现高速增长态势[66]。据调研分析，2020年我国数据安全市场规模约为 356 亿元，新兴数据安全服务厂商业务增长显著。据天融信公开数据，其 2020 年数据安全业务收入增长率达到 309%；安华金和、全知科技等中小企业 2020 年数据安全业务收入增长率分别为 38%、300%。防篡改、传输加密、存储加密、数据脱敏、质量控制、权限管理等相关技术率先突破和产业化应用。从应用场景看，根据 2019 年数据安全市场行业用户占比调研，数据安全应用在政府、军工占比最大，合计高达 52%；金融、电信、交通、医疗等关系民生且信息化程度高的行业紧跟其后。未来随着数据安全技术的持续突破，数据安全在医疗、制造等领域的应用有望逐渐深入。

二是数据安全合规技术产品将日益成熟。随着我国数据安全相关法律法规、政策标准的不断健全，将对组织机构数据安全提出更高更细化的合规要求。由此可见，数据识别、加密脱敏、内部管理等基础性合规技术发展和应用将日趋成熟。首先，敏感数据识别发现技术向智能化发展[67]。80%的主流数据安全厂商旨在通过算法创新、融合等手段提升敏感数据识别范围与精度。可通过 AI 驱动实现半自动化或自动化扫描和识别，满足数据分级分类、重要数据识别管理需求。其次，数据加密脱敏技术向精细化发展。加密算法将向高效率和高强度更新演进。量子加密、后量子加密、同态加密等新型加密算法引领未来数据隐私保护。同时，可根据场景差异化应用脱敏方案，如将数据失真技术应用于群体信息统计场景，数据匿名化技术应用于数据交换分析场景[49]。最后，数据内部使用管理技术向集成化发展[66]。安全审计、权限管理、数据防泄露等将成为企业"标配"，技术能力进一步夯实，企业部署应用广泛。未来将以数据安全内控平台为核心，整合相关技术能力和工具，统一管理和调用，应用到数据全生命周期环节。

三是新兴数据安全技术将加速向行业渗透。数据大规模汇聚、数据价值不断挖掘积累，以保护数据主体权益为目标的数据最小化共享需求迫切，数据"可用不可见"的隐私计算技术成为保障数据安全和实现数据价值释放的突破口。现阶段，国内外隐私计算技术产品创新活跃，我国仍处于发展初期。Gartner 将隐私计算技术作为 2021 年六大重要战略科技趋势，各互联网巨头企业均在积极探索解决方案，积极布局隐私计算产品，但仍未形成产业生态圈和垄断格局。未来，隐私计算技术将通过优化算法、与云平台融合应用、软硬件协同等方式提升计算交互效率，此外与区块链结合构建完整解决方案是诸多厂商的技术融合方向，通用型隐私计算平台有望成为未来主要产品形态。相应地，技术应用场景将从金融、医疗等领域向其他行业加速拓展，到 2025 年将有 50%的大型企业应用隐私计算赋能多方数据融合方向。

3.5.3　隐私计算将在探索应用过程中持续优化

隐私计算作为平衡数据价值释放和数据安全的技术解决方案，已在金融、医疗、电子政务等领域具有一些落地尝试。但在产业化、市场化过程中，仍面临诸多挑战。在安全共识统一、效率性能突破、互联互通等方面仍有待优化。

一是安全共识有待凝聚，筑牢安全"底线"。隐私计算包含联邦学习、差分隐私、同态加密等基于数据科学、密码学以及统计学等的多种技术分支，不同的技术路线的底层安全原理、安全优势等不尽相同，尚未形成统一的安全共识。如以密码学为基础的安全多方计算凭借其可证明的安全性，受到安全专家的青睐。以可信执行环境为代表的机密计算，其安全性则更多依赖于硬件产品厂商，较易产生供应商锁定、侧信道攻击等安全问题。而联邦学习本质上是一种分布式的机器学习模型建模和预测架构。目前学术界对于联邦学习的安全保障效果尚无严格的定义。在安全性方面，尚未达成能覆盖所有技术分支的系统的、统一的安全共识。未来有望通过权威技术专家研讨、多方检测评估以及行业应用等多方协同的方式，在业内形成关于隐私计算技术的安全共识。

二是效率性能有待突破，探寻效率"高线"。隐私计算的不同技术分支对解决不同特定问题具有较好的表现。尤其以安全多方计算为代表的隐私计算技术，凭借其坚实的理论基础，在安全性上具有良好的表现。但该类算法包含复杂的密码学操作，通常需要牺牲一定的性能代价。而联邦学习作为一种以分布式为主的协同计算模式，因参与方的计算能力、通信稳定性等方面存在差异，使得如何保证各参与方的稳定性和可用性也是隐私计算产业落地的关键挑战。隐私计算技术的效率性能成为制约隐私计算技术发展的重要瓶颈。为了避免隐私计算付出更大的计算和存储代价，有望围绕底层算法、工程实现，以及硬件层面通过算法优化、通信优化等多种方式降低计算和通信开销，不断提升算法效率和稳定性。

三是互联互通有待发展，强化应用"基线"。隐私计算技术在应用落地中存在不同产品或服务提供商无法兼容的问题，在增加不同平台间的数据流通困难的同时引入了额外的成本投入。当前我国隐私计算技术产业中的数据互联互通存在部分企业集中"抱团"的现象，其模式是否能实现更加广泛的互联互通仍不明确。当前，隐私计算技术的互联互通主要存在于几个方面的困境：一方面，各产品、服务提供商采取不同的技术路线，存在理论层面的差异。另一方面，在产品及服务开发过程中，不同的厂商在实现过程中存在差异。理论和实践层面的双层差异导致不同厂商间的隐私计算平台互联互通成为难点。隐私计算技术产业初期可采取通过一对一对接的方式实现互联互通，但互联互通的可行性和应用广泛性在百花齐放的现状下仍有待市场检验。未来可通过原语言层、算法层以及应用层三方面自底向上实现各层的互通，为隐私计算的互联互通奠定基础。

第 4 章　我国热点亮点

1. 全球首次全面完成 5G 设备安全保障测试,检测结果作为典型案例在 GSMA 官网发布

在工业和信息化部网络安全管理局指导下,IMT-2020(5G)推进组安全工作组于 2021 年 6 月正式完成了我国首次对 5G 网络设备安全性开展的全方位测试。测试由中国信息通信研究院 5G 安全测评中心牵头,联合中国电信、中国移动、中国联通三家运营商,对华为、中兴、大唐、爱立信、上海诺基亚贝尔 5 家主流设备厂商的 5G 基站和核心网设备进行了安全测试。测试结果表明,5 家厂商的 5G 基站和核心网设备安全能力总体上符合 GSMA 和 3GPP 国际标准规范中的安全要求。

目前,华为和中兴 5G 基站及核心网设备已正式获得 GSMA 认可,加入 GSMA 网络设备产品目录。这对于提高我国安全检测领域的国际影响力、提升国内厂商 5G 设备安全性的全球认可度具有重大里程碑意义,其测试结果可为行业监管部门制定 5G 安全战略政策以及运营商设备选型提供重要参考。

2. 《5G 安全知识库》重磅发布,为全行业 5G 网络建设与应用安全提供细化指引

2021 年 12 月 6 日,在 IMT-2020(5G)大会 "5G 应用安

全高峰论坛"上，IMT-2020(5G)推进组与中国信息通信研究院(以下简称"中国信通院")联合发布《5G安全知识库》(以下简称"知识库")。知识库由中国信通院、中国移动、中国电信、中国联通、华为、中兴等单位共同编制，凝聚了电信行业和垂直行业关于5G网络安全的最佳实践经验。

知识库聚焦 5G 发展阶段关键技术、基础设施、网络和应用数据等面临的安全问题，制定面向 5G 网络基础设施建设的安全措施集；针对 5G+行业应用核心安全需求，提出与之匹配的 5G 网络原子化安全能力和模板供给。可为全行业 5G 网络建设和应用安全提供更加精准、易实施的技术指引，有效促进 5G 安全保障水平进一步提升。

3. 等级保护2.0和可信计算3.0联合攻关示范基地建设持续推进

2021 年 1 月 11 日，在北京工业大学召开"网络安全等级保护制度 2.0 与可信计算 3.0 攻关示范基地实施方案"研讨会，沈昌祥院士参会并就基地实施方案的建设目标、内容及步骤等给予指导。明确了组织管理机构及分工，建设技术攻关平台、适配测试平台、典型示范平台和系统展示平台等四个业务支撑平台，并确定分阶段推进基地建设工作，其中，在第一阶段成立面向四个平台的通用平台工作组，在第二阶段完成示范系统搭建、产品适配测试、应用系统测试及攻防验证等工作，在第三阶段基于前期成果开展业务场景搭建、实地仿真环境远程接入基地，并在仿真环境中开展产品适配、测试评估、攻防验证等工作[68]。将在提升关键信息基础设施安全防护能力、促进等级保护

2.0 制度落地和推广、构建安全可信安全产业生态等方面发挥重要作用。

4. 第四届"强网"拟态防御国际精英挑战赛成功举办,助力网络安全实战技能创新发展

2021 年 11 月 9 日至 12 日,第四届"强网"拟态防御国际精英挑战赛依托紫金山实验室网络内生安全试验场(NEST)成功举办,来自国内外的 48 支战队参赛。与前几届比赛相比,本届比赛有五大亮点,一是对比测试突出"较量",首次采用拟态构造设备与商用设备对比测试的模式;二是新增靶标设备扩大"体量",包括 30 套拟态构造靶标设备和 18 套非拟态构造商用设备,并覆盖典型应用场景;三是聚焦新热点安全再添"增量",通过攻防对抗检验和挖掘自动驾驶系统的安全问题,并设置实车验证环节;四是优化比赛规则寻求"变量",通过完善积分规则实现战队攻击进展精准评估和反馈;五是促进攻防相长提升"质量",新增拟态防御概念赛题,通过以防促攻、攻防相长的形式,实现拟态设备与参赛选手的能力双赢[69]。

5. 网络安全产业发展驶入快车道,良好的网络安全生态正加快形成

随着数字中国建设步伐加快,全社会数字化、网络化、智能化能力快速发展,为网络安全产业提供广阔的发展空间,根据中国信息通信研究院发布的《中国网络安全产业白皮书》、中国网络安全产业联盟发布的《中国网络安全产业分析报告》、数世咨询发布的《中国网络安全能力百强报告》等研究显示,我国网络安全产业发展势头良好、产业规模持续增长突破、网络安全市场需求不断扩大、网络安全技术实力显著加强。中国信息通信研究院在工业和信息化部网络安全管理局指导下成立网络安全卓越验证示范中心，聚合网络安全产业各方优势，打造国家级网络安全能力验证、评价和示范平台，形成产业创新发展和供需枢纽。

第 5 章　领域年度热词

热词 1：关键信息基础设施保护

2021 年 7 月 30 日，国务院总理李克强签署中华人民共和国国务院令第 745 号正式公布《关键信息基础设施安全保护条例》，自 2021 年 9 月 1 日起施行。针对我国关键信息基础设施构建专门保护制度，明确了关键信息基础设施范围和保护工作原则及目标，建立了国家关键信息基础设施安全监督管理体系，完善了关键信息基础设施认定机制，明确了关键信息基础设施运营者责任和义务，规定了信息共享、应急处置等关键信息基础设施安全保障和促进措施，明确了相关责任主体的法律责任[70]。随着该条例的出台，关键信息基础设施安全保护标准体系将加快制定完善，关键信息基础设施安全保护工作在各方的落实将充分激发网络安全企业、科研机构等能力优势，促进关键信息基础设施安全领域网络安全技术创新和保障能力提升。

热词 2：网络产品安全漏洞管理

2021 年 7 月 12 日，工业和信息化部、国家互联网信息办公室、公安部联合印发通知，正式公布《网络产品安全漏洞管理规定》，自 2021 年 9 月 1 日起施行。旨在进一步规范网络产品安全漏洞发现、报告、修补和发布等行为，明确网络产品提供者、网络运营者，以及从事漏洞发现、收集、发布等活动的组织或个人等各类主体的责任和义务，维护国家网络安全，保护网络产品和重要网络系统的安全稳定运行[71]。在工业和信息化部网络安全管理局的指导下，中国信息通信研究院建设工业和信息化部网络安全威胁和漏洞信息共享平台，国家工业信息安全发展研究中心、中国软件评测中心、中国汽车技术研究中心等国家网络安全专业机构建设工业控制产品、移动互联网 APP 产品、车联网产品等安全漏洞专业库，支持开展网络产品安全漏洞技术评估，督促网络产品提供者及时修补和合理发布自身产品安全漏洞[72]。

热词 3：数据安全

2021 年 6 月 10 日，第十三届全国人民代表大会常务委员会第二十九次会议通过并公布《中华人民共和国数据安全法》，自 2021 年 9 月 1 日起施行。作为我国关于数据安全的首部法律，明确了数据安全监管机构的工作职责，构建了数据安全协同治理体系，建立数据分级分类保护制度、数据安全风险评估预警及应急处置机制等，促进数据自由流动和出境安全，明确了数据处理者等相关主体的数据安全保护责任和义务，切实保护个人、组织的合法权益，标志我国在数据安全领域有法可依，为各行业数据安全提供监管依据。2022 年 2 月 17 日，工业和信息化部办公厅发布《关于做好工业领域数据安全管理试点工作的通知》，进一步扩大了工业领域数据安全管理试点范围，在辽宁等 15 个省(区、市)开展试点工作，推动《数据安全法》等数据安全相关法律法规及管理要求贯彻落实，加快了数据安全技术手段创新和落地，促进数字经济健康发展。

热词 4：数字安全

2021 年 12 月 23 日，中国信息通信研究院在"2022 年中国信通院 ICT+深度观察报告会"上发布了《数字安全：数字时代的安全发展洞察》，提出数字化趋势下，以 5G、人工智能、云计算等为代表的数字技术正在以新理念、新业态、新模式全面融入人类经济、政治、文化、社会、生态文明建设各领域各过程，需以持续演进的新视角，来审视安全能力建设的问题。当前，"数字"对经济社会发展的放大、叠加、倍增作用正在加速释放，安全对象、目标、威胁和措施等数字时代"四新"变化带来安全新命题、新需求，推动数字安全体系初现雏形，为我国开启数字安全元年、建设和发展新安全能力提供参考和指引。

热词 5：网络安全靶场

当前，网络空间对抗形势日益严峻，能满足国家重要基础设施安全需求的国家级试验验证环境亟须建设。网络安全靶场作为支撑网络安全技术验证、安全产品服务实效验证、攻防对抗演练和网络安全风险评估的重要手段[73]，我国网络安全靶场建设发展不断加快。中国信息通信研究院积极建设相关技术手段，已具备我国网络基础设施仿真模拟、先进安全能力试验验证、安全攻防演练和人才实训等能力，在国家重大应急联合演练技术支撑方面发挥重要作用，推动构建网络安全领域先进技术和机制的研究、验证及规模化落地之间的闭环。2021 年 9 月 17 日，鹏城实验室与华中科技大学、宁波工业互联网研究院等组织机构联合举办第二届全国分布式靶场网络安全技能大赛，依托鹏城实验室自主研发的互联网仿真验证平台(鹏城靶场)有力促进了网络安全领域科技人才的培育与选拔，也充分验证了鹏城实验室网络靶场在同构、异构互联场景中的多方面技术创新成果。11 月 1 日，鹏城实验室与中国汽车技术研究中心有限公司联合在天津成立鹏城靶场智能网联汽车(天津)分靶场，将在智能汽车网络安全靶场和无线通信领域开展合作。

热词 6：网络安全网格

2022 年 2 月 18 日，全球权威咨询机构 Gartner 将"网络安全网格"(Cybersecurity Mesh)列入 2022 年网络安全主要趋势。企业网络中应用大量单一的网络安全产品使网络安全运营变得格外复杂，应对网络安全威胁需配置协调安全检测、防护等多类安全能力，及时发现并响应安全事件愈加困难，"网络安全网格"架构将打通相互独立的安全服务和产品间的互操作性通道，实现已有安全能力的深度协同和聚合，为本地、数据中心或云上的所有资产和业务提供全局的安全保护，为企业构建安全能力的互联、互通和互操作通道，降低网络安全运营管理的复杂度、提升网络整体安全性。Gartner 预测，到 2024 年，采用"网络安全网格"的企业能够将安全事件损失平均降低 90%。

热词 7：隐私计算

近年来，我国密集出台《中共中央　国务院关于构建更加完善的要素市场化配置体制机制的意见》等政策，有效激活了数据流通共享的市场需求。2021 年 11 月 1 日，《中华人民共和国个人信息保护法》正式施行，标志着其与《网络安全法》《数据安全法》共同构筑起我国网络空间数据和个人信息的法治堤坝，对我国数据安全尤其是个人信息等敏感数据保护提出了更高的合规要求。持续释放的数据流通政策红利与日趋严格的数据安全合规要求相克相济，如何统筹发展与安全成为探索数据流通现实路径的关键之举。在此背景下，隐私计算作为一种在保障数据安全和隐私的前提下实现多方数据联合计算的技术方案，以保障安全为前提，满足了联合风控、联合营销、联合建模等多场景的数据开放和共享需求，在金融、医疗、交通、电子政务等行业已有落地尝试，未来将在更多领域探索发展空间，以技术手段护航数据流通安全，促进数字经济健康发展。

热词 8：算力网络安全

2022 年 1 月，国务院印发关于《"十四五"数字经济发展规划》的通知，提出"推进云网协同和算网融合发展"，明确要求加快构建算力、算法、数据、应用资源协同的全国一体化大数据中心体系，加快实施"东数西算"工程。为我国算力网络建设引领方向、推动算力供给体系健全完善，为各行业数字化转型构建算力底座，算力作为促进数字化发展的重要驱动力，算力网络安全研究正逐步开展。2021 年 7 月，中国电信研究院牵头的《算力网络框架与架构标准》(Y.2501)于国际电信联盟(ITU-T)第 13 研究组(SG13)报告人会议上通过，定义了算力网络架构框架、算力网络功能模块，并提出了算力网络身份授权与认证安全、第三方应用安全等安全考虑。同期，中国信息通信研究院牵头的《安全访问服务边缘(SASE)整体方案技术要求》《安全访问服务边缘(SASE)能力成熟度》等三项算力网络安全方向标准于中国通信学会算网融合标准工作组首次标准立项评审会议通过，标准将提升算力应用场景网络安全能力、健全算力网络安全标准体系。2022 年 2 月，中国移动发布《算力网络安全白皮书》，提出了"一体化全程可信"安全理念，即算力网络借助接入安全、隔离安全、基本安全防护等手段，提升安全风险防控水平，推动算力网络安全从"单点可控"迈向"一体化全程可信"。

热词 9："12381"涉诈预警劝阻

针对当前电信网络诈骗作案手法变化快、迷惑性强、预警难度大、人工劝阻时效性不强的突出情况，在工业和信息化部网络安全管理局的指导下，中国信息通信研究院坚持打防结合、预防为先总思路，于 7 月 14 日正式建成启用了"12381"涉诈预警劝阻短信系统，该系统以工业和信息化部建设的通信大数据平台等手段为基础，根据公安机关提供的涉案号码等线索，综合利用大数据、人工智能等技术进行拓展关联分析，自动发现正在遭受诈骗侵袭的潜在受害用户，并第一时间通过工业和信息化部"12381"电话公共服务平台短信端口向用户发送预警短信，提醒用户可能正遭受电信网络诈骗侵害，应提高警惕，及时中止与诈骗分子的联系或止付资金。系统还通过大数据标识、模型分析等手段，精准识别用户可能正遭受"贷款""刷单返利""冒充公检法""杀猪盘"等 9 类电信网络诈骗案件，进一步提高预警劝阻的精准性，为人民群众构筑起一道"反诈防火墙"，最大限度为群众避免损失[25]。

第 6 章 领 域 指 标

类别	序号	指标	我国	国际领先水平
技术类	1	全球网络安全指数(技术能力)	17.94	国际领先 20，差距 10.3%
发展类	2	全球网络安全指数	92.53	全球排名第 33
产业类	3	网络安全产业规模/元	1729.3 亿	相对较低，全球 1366.6 亿美元

简要说明：

(1) 全球网络安全指数(技术能力)是 ITU 于 2014 年提出的全球网络安全能力综合评价模型中的技术能力分指标，从国家应急响应能力、网络安全技术标准、对抗网络安全事件的技术机制和能力等方面，衡量国家网络安全技术能力。根据 ITU 最新发布的 GCI 指数研究报告，2020年，我国网络安全指数技术能力指标值为 17.94，与全球最高值 20(美国)之间差距为 10.3%。

(2) 全球网络安全指数是 ITU 于 2014 年提出的一项全球性的网络安全能力综合评价模型，其指标体系的构建基于 2007 年的 ITU 全球网络安全议程(Global Cybersecurity Agenda，GCA)研究相关研究成果。GCI 旨在通过对国家网络安全能力各项指标的综合性评估，提高网络安全意识，促进各国政府强化网络安全威胁的防范应对措施，加强网络安全方面的双边和多边国际合作，从而提高全球网络安全整体水平。目前已发布 2014、2017、2018、2020 四版全球网络安全指数指标。在最新发布的 2020 年 GCI 指数中，我国网络安全评分为 92.53，在全球排名第 33 名。

(3) 网络安全产业规模是网络空间繁荣稳定、保障有力的前提和基础[74]。国外 Gartner、IDC，国内中国信息通信研究院、赛迪研究院等研究机构持续开展网络安全产业研究，对不同国家和地区网络安全产品和服务市场进行统计和测算。根据中国信息通信研究院最新发布的《中国网络安全产业白皮书》，2020 年我国网络安全产业规模达到 1729.3 亿元，较 2019 年增长 10.6%。

作者：孟楠 戴方芳 杨朋 谢玮 周杨

参 考 文 献

[1] University of Tokyo. Japan and Finland collaborate to develop 6G cellular standard. https://techxplore.com/news/2021-11-japan-finland-collaborate-6g-cellular.html, 2021.

[2] 王玉环, 崔现东, 万晓玥, 等. 国外电信网络诈骗治理经验及启示. 通信世界, 2021, (18): 32-35.

[3] 方正梁. 打击治理电信网络诈骗 保护公民个人信息是重点. 人民邮电报, 2021.

[4] 魏亮, 田慧蓉. 网络安全发展综述. 信息通信技术与政策, 2021, 47(8): 17-23.

[5] 中国信息通信研究院. 共筑 5G 新基建安全防线. 人民邮电报, 2021.

[6] 董悦, 王志勤, 田慧蓉, 等. 工业互联网安全技术发展研究. 中国工程科学, 2021, 23(2): 65-73.

[7] 李阳春, 王海龙, 李欲晓, 等. 国外工业互联网安全产业布局及启示研究. 中国工程科学, 2021, 23(2): 112-121.

[8] 艾媒咨询. 信息安全产业数据分析：2025 年全球工业互联网信息安全市场规模将达 233. 21 亿美元. https://www.iimedia.cn/c1061/81529.html, 2021.

[9] 中国信息通信研究院. 人工智能安全框架. 2020.

[10] 美国 DARPA 在人工智能领域的新发展. 2021.

[11] 中国信息通信研究院. 可信人工智能白皮书. 2021.

[12] 于成丽, 胡万里. 2020 年工业互联网数据安全态势分析及相关对策建议. 保密科学技术, 2020, (12): 28-32.

[13] 王伟洁. 我国数据安全风险、治理困境及对策建议. 网络安全和信息化, 2021, (6): 21-24.

[14] 王伟洁, 周千荷. 国外数据安全保护的最新进展、特点及启示. 科技中国, 2021, (7): 34-36.

[15] 杭州天谷信息科技有限公司. 一种电子合同的风险预测方法以及系统: CN202110939061.4. 2021.

[16] 北京融数联智科技有限公司. 一种隐私数据的计算方法、装置及计算机设备: CN202110327103.9. 2021.

[17] 中国信息通信研究院. 隐私保护计算与合规应用研究报告. 2021.

[18] 中国信息通信研究院. 数据价值释放与隐私保护计算应用研究报告.

2021.

[19] Gartner. Forecast: Information Security and Risk Management, Worldwide, 2019-2025. 2021.

[20] Momentum Cyber. The 2021 Cybersecurity Almanac. 2021.

[21] Domaintools. The 2021 Threat Hunting Report. 2022.

[22] Mike Chapple. Top 4 firewall-as-a-service security features and benefits. https: //www. techtarget. com/searchsecurity/tip/Top-4-firewall-as-a-service-security-features-and-benefits, 2020.

[23] CNCERT. 2020 年我国互联网网络安全态势综述. 2021.

[24] 祁家宏. 新形势下农村反诈工作现状与治理探析——基层政府推进反诈工作的困难和举措. 重庆行政(公共论坛), 2021, (6): 60-62.

[25] 12381 涉诈预警劝阻短信系统启用. 中国防伪报道, 2021, (9): 9.

[26] 贵重, 何鹏, 何瑛, 等. 网信安全政策法律动态观察. 电信工程技术与标准化, 2021, 34(11): 5-8.

[27] 金泽刚. 反电信网络诈骗法将带来什么变化. 光明日报, 2021.

[28] 全国"断卡"行动推进会进行再部署 深入推进打击整治非法开办贩卖"两卡"违法犯罪攻坚战. 中国防伪报道, 2021, (9): 6-8.

[29] 全国 "断卡" 行动开展第二轮集中收网 抓获贩卡犯罪嫌疑人 405 名 缴获电话卡银行卡 4.3 万张. 中国防伪报道, 2021, (1): 52-53.

[30] 王峰. 涉诈电话卡、物联网卡以及关联互联网账号将被清理. 中国消费者报, 2021.

[31] 侯建斌. 突出源头综合治理健全行业反诈工作体系. 法治日报, 2021.

[32] 信息动态. 警察技术, 2021, (5): 94-96.

[33] 万晓玥, 王玉环, 常雯, 等. 互联网诈骗为何屡禁不止. 人民邮电报, 2021.

[34] 李姗, 杜霖, 李文. 工业互联网安全发展成效及思路探讨. 自动化博览, 2021, 38(5): 113-118.

[35] 高骞, 陈珍, 陈雪瑶. 联接世界, 智创未来: 2017 世界智能网联汽车大会观点综述//第十九届中国国际工业博览会论坛论文集, 2017: 290-294.

[36] 方滨兴. 人工智能安全. 北京: 电子工业出版社, 2020.

[37] 中国信息通信研究院. 基于分类分级的人工智能安全框架. 2020.

[38] 施文, 王楷文, 俞成浦, 等. 多无人系统协同中的人工智能安全探索. 中国工程科学, 2021, 23(3): 82-89.

[39] 2021 年书业大势大事. 中国出版传媒商报, 2021.

[40] 李良荣, 袁鸣徽. 安全而开放: 互联网舆论治理的基本原则. 未来传播,

2021, 28(6): 2-9.

[41] 法小宝. 运用法治开展算法综合治理. 民主与法制时报, 2021.

[42] 王莹. 算法侵害类型化研究与法律应对——以《个人信息保护法》为基点的算法规制扩展构想. 法制与社会发展, 2021.

[43] 祖爽. 净化网络空间 算法推荐被戴"紧箍". 中国商报, 2021.

[44] 魏秀林, 黄健, 乔慧峰, 等. 5G 赋能车联网供应链的研究. 物流科技, 2020, 43(2): 125-126.

[45] IMT-2030(6G)推进组. 6G 网络安全愿景技术研究报告. 2021.

[46] CNCERT. 2020 年中国互联网网络安全报告. 2021.

[47] 人工智能应用安全值得关注. 金融时报, 2021.

[48] 李宁. RCEP 企业必读. 国际商报, 2021.

[49] 姜宇泽, 陈诗洋. 数据安全技术发展现状及挑战解析. 通信世界, 2021, (8): 17-19.

[50] 刘明辉, 张玮, 陈湉, 等. 数据安全与隐私保护技术研究. 邮电设计技术, 2019, (4): 25-29.

[51] 加快推动数据要素市场化. 经济日报, 2021.

[52] 中国信息通信研究院. 隐私计算白皮书. 2021.

[53] 中国信息通信研究院. 中国网络安全产业白皮书. 2021.

[54] 我国网络安全产业处于快速发展期. 人民邮电报. 2021.

[55] 中国信息通信研究院. 中国网络安全产业白皮书. 2022.

[56] 庄俊玺. 基于用户行为的可信网络接入关键技术研究. 北京: 北京工业大学, 2018.

[57] 贺鑫. 沈昌祥院士: 树立科学的网络安全观. 信息安全与通信保密, 2018, 5:110-113.

[58] 中关村可信计算产业联盟. 可信计算技术落地电力系统 工业控制领域应用前景广阔. http://www.ztcia.com/newsinfo/2048260.html, 2021.

[59] 中国信息通信研究院. 中国网络流量监测与分析产品研究报告. 2020.

[60] Transparency Market Research. Software Defined Perimeter Market. 2020.

[61] "新基建"中问安全. 经济观察报, 2020.

[62] 康双勇, 胡万里. 工业互联网安全技术研究及我国工业互联网安全产业发展情况分析. 保密科学技术, 2020, (5): 5.

[63] Yan Z, Kantola R, Shen Y. Unwanted traffic control via hybrid trust management. IEEE International Conference on Trust, Security and Privacy in Computing and Communications, 2012.

[64] Porambage P, Gür G, Osorio D, et al. 6G security challenges and potential

solutions//2021 Joint European Conference on Networks and Communications (EuCNC) & 6G Summit, 2021.

[65] Rocher L, Hendrickx J M, Montjoye Y. Estimating the success of re-identifications in incomplete datasets using generative models. Nature Communications, 2019, 10(1):1-9.

[66] 我国数据安全技术产业将进入新发展阶段. 贵阳日报, 2021.

[67] 王法, 陈玲, 方亚丽, 等. 相约贵阳数说未来. 当代贵州, 2021, (22): 28-29.

[68] "国家网络安全等级保护制度 2.0 与可信计算 3.0 攻关示范基地"平台建设启动会召开. 信息网络安全, 2021, (2): 94.

[69] 第四届"强网"拟态防御挑战赛将举行. 南京日报, 2021.

[70] 信息动态. 中国信息安全, 2021, (9): 6-19.

[71] 评论. 国企管理, 2021, (15): 10.

[72] 工信部网络安全威胁和漏洞信息共享平台正式上线运行. 人民邮电报, 2021.

[73] 方滨兴, 贾焰, 李爱平, 等. 网络空间靶场技术研究. 信息安全学报, 2016, 1(3): 1-9.

[74] 魏亮, 赵爽, 方溢超. 网络安全产业发展的成就、挑战与变革. 中国信息安全, 2018, (10): 53-56.